비트겐슈타인과
정신분석

**POSTMODERN ENCOUNTERS: WITTGENSTEIN AND PSYCHOANALYSIS**

# 비트겐슈타인과 정신분석

존 M. 히턴 지음 • 석기용 옮김

## Wittgenstein & Psychoanalysis

John M. Heaton

P 필로소픽

# 목차

경험의 대가는 무엇일까? 사람들은 노래 한 곡으로 그것을 살까?

아니면, 거리에서 한 번의 춤판으로 지혜를 살까?

아니다. 그것은 대가를 치러야 손에 넣는 법.

한 사람이 가진 전부를, 집과 아내와 아이들 전부를 대가로 치러야 한다.

지혜는 아무도 사러 오지 않는 쓸쓸한 시장에서,

농부가 빵을 바라며 헛되이 쟁기질하는 시든 벌판에서 팔린다.

윌리엄 블레이크, **발라, 두 번째 밤**

더는 읽지 말라 — 보라!

더는 보지 말라 — 가라!

파울 첼란, **스트레토**(Engführung)

## 서문

지그문트 프로이트 Sigmund Freud, 1856~1939와 루트비히 비
트겐슈타인 Ludwig Wittgenstein, 1889~1951은 둘 다 빈 사람이
었다. 프로이트는 생애 대부분을 빈에서 보냈고 런던에서
생을 마감했다. 비트겐슈타인은 빈에서 성장했지만 여러
해를 영국에서 보냈고, 케임브리지에서 강의를 하며 지내
다가 그곳에서 죽음을 맞았다.

　프로이트는 정신분석학을 창시했으며, 비트겐슈타인은 아
마도 20세기의 가장 위대한 철학자일 것이다. 비트겐슈타인은
프로이트의 초기 저작들, 특히 《꿈의 해석 Die Traumdeutung》
과 《농담과 무의식의 관계 Der Witz und seine Beziehung zum
Unbewussten》를 익히 알고 있었고, 이 책들에서 자주 인용을

하곤 했다. 실제로 비트겐슈타인의 누이가 프로이트에게 잠시 동안 정신분석을 받은 적이 있는데, 바로 그녀가 프로이트가 나치를 피해 탈출하도록 도운 주모자였다. 비트겐슈타인은 1920년대에 빈에서 보낸 생활 덕분에 정신분석의 진료 행위에 익숙해질 수 있었다. 친구들과 친척들은 정신분석을 개인적인 문제에서 벗어나는 하나의 방법으로 간주했다.

비트겐슈타인은 프로이트의 작업에서 영향을 받았고, 자신이 하는 작업 역시 일종의 치료라고 생각했다. 그는 프로이트의 저술을 처음 읽었을 때, 깊은 인상을 받고 이렇게 적었다. 내용은 비판적이었다.

> 자네는 생각을 아주 분명하게 하지 않으면 안 되네.
> 정신분석은 위험하고, 저열한 수법이며, 해악은 끝도
> 없이 끼치면서 그에 비해 이로운 점은 거의 없단 말일
> 세.[1]

비트겐슈타인의 치료란 무엇이고, 그의 치료가 정신분석과 어떤 관계가 있는지가 이 책의 주제가 될 것이다.

---

[1] N. Malcolm, *Ludwig Wittgenstein: A Memoir*, 2nd edition, Oxford University Press, 1984, 101.

# 1. 착각

프로이트와 비트겐슈타인은 둘 다 착각illusion과 그것이 끼치는 해악에 주요한 관심이 있었다. 프로이트는 의사였고, 경험과학의 차원에서 이 과제에 접근했다. 곤경에 처한 사람들이 치료를 기대하며 그를 찾았다. 그는 의사답게 행동하면서 착각의 원인으로 무의식을 '발견'하고, 신경증, 정신이상, 도착, 히스테리 등 무의식적 갈등의 유형에 따라 환자를 분류했으며, (이드id, 초자아superego, 투사, 전이 등과 같은 용어를 포함한) 전문 용어가 동원된 치료 기법을 개발했다. 또한 그는 자신이 창안한 기법을 더 널리 전파하기 위해 수련과정을 갖춘 학술단체를 만들고 입회와 탈퇴의 기준을 설정했다.

반면에 비트겐슈타인은 소크라테스를 비롯해 에피쿠로스주의자, 회의주의자, 스토아주의자와 같은 헬레니즘 시대의 철학자가 포함된 철학적 치료의 전통 안에서 작업했다. 스피노자, 헤겔, 마르크스 등과 같은 훨씬 근대의 철학자가 모두 착각과 착각으로 인한 불행에 관심이 있었다.

비트겐슈타인은 우리가 언어의 미혹적인 힘에 사로잡혀 있다고 보았다. 이런 판단에서 그는 철학만큼 문학에도 깊은 관심을 가졌다. 말이 지닌 허위의 힘은 실제로 존재하는 사물들을 너무도 그럴 듯하게 흉내 낼 수 있기 때문에 말이 지닌 그 어떤 분별의 힘도 우리가 진리와 거짓을 구분할 수 있게 해 주지 못한다. 말은 진리의 수령자로 우리를 발탁하는 바로 그 행위 안에서 우리를 기만할 수 있다.

그는 무엇이 우리를 곤경에 빠뜨리는지 분명히 들여다보고자 분투했다. 생각하고, 말하고 하는 뿌리 깊은 방식들이 우리를 지배한다. 이러한 방식들은 하나하나 별개의 항목이 아니라 우리가 우리 자신을 생각하고 표현하는 전체 양식의 일부이다. 그래서 우리의 난제들에 대한 해답과 해결과 치유를 찾으려는 강박관념은 우리가 스스로에게 기울이는 주의에 영향을 미치며, 바로 그러한 강박관념 자체가 착각의 원천인 것이다. 우리는 특정 종류의 담론들, 특히 과학과 의학의 담론을 높이 떠받들며, 그러한 담론을 모든 난제를 해결하는 모범으로 삼는다. 그러나 거드름, 탐욕, 어리석음, 야심이 정신병적인 장애는 아니다. 이러한 것들은 자기본위적인 목적들 앞에 바쳐진 세상을 지배하는 착각들이다.

비트겐슈타인은 전문 용어를 펼쳐놓지 않았고, 특별한 부류의 사람들을 다룰 것이라고 공언하지 않았으며, 학파를 세우는 데에도 관심이 없었는데, 그 이유는 이 모든 활동이 자칫 더 깊은 착각을 불러일으킬 수 있기 때문이다.

> 한 때의 질병은 인간의 삶의 양식을 바꿈으로써 치유되며, 철학적인 문제로 인한 질병은 어떤 개인이 발명한 약으로써가 아니라 오로지 삶과 사유 양식의 변화를 통해서만 치유가 가능했다.[1]

---

[1] RFM 2, para 23.

## 2. 가르치기

비트겐슈타인은 프로이트를 비롯해서 대부분의 정신분석가와는 매우 다른 방식으로 글을 쓰고 가르쳤다. 정신분석가들이 가르친 방식은 그들의 치료 개념을 잘 조명해 준다.

나는 그저 내 독자가 온갖 흉물로 가득 찬 자신의 생각을 비추어 보고, 그럼으로써 그것을 정돈할 수 있게 도와주는 거울에 지나지 않아야 한다.[1]

비트겐슈타인은 단순히 진리를 말해주는 것은 오류가 자리를 지키고 있는 한 쓸모가 없다고 생각했다. 우리는 오류

---

[1] C & V, p. 25.

에서 진리로 가는 **통로**를 찾아야 하며, 그러기 위해서 의심의 물속으로 반복해서 뛰어들어야 한다.

어떤 이도 진리를 말할 **수가 없다**. 만일 그 사람이 그 자신을 여태 정복하지 못했다면 말이다. 어떤 이도 그것을 말할 **수가 없다**. 하지만 그 이유는 그 사람이 아직 충분히 똑똑하지 않아서가 아니다. 오로지 이미 진리 안에서 편안하게 있는 사람만이 그것을 말할 수 있다. 여전히 허위 속에서 살면서, 다만 허위 속에서 진리를 향해 팔을 내뻗는 것에 지나지 않는 사람은 그렇게 하지 못한다.[2]

그는 지식을 보탠다거나 실수를 바로잡고 있던 것이 아니었다. 그런 일에 적합한 수단은 강의를 하고, 자료를 주고, 논문을 쓰는 것이다. 미혹과 매혹과 착각에서 기인한 혼란이 그의 관심사였다. 그러한 혼란을 극복하기 위해서는 태도의 변화가 필요하다. 지성보다는 감정의 체념, 영리함보다는 사려 깊음이 필요한 것이다. 그는 이에 맞게 글을 쓰고 가르쳤다.

---

[2] C & V, p. 41.

우리가 누군가에게 생각을 강요할 수는 없다. 그게 아니라, 먼저 붕괴가 일어나야만 사려 깊은 사람이 될 수 있다. 더 열심히 생각하라는 훈계가 조바심과 불쾌감을 일으킬 수 있을지는 몰라도 생각을 만들어 내지는 않을 것이다. 생각은 만들어질 수 있는 것이 아니기 때문이다. 생각하기가 생산 라인은 아니다. 흔히 머릿속에 있는 것으로 경험되는, 전혀 명료하지 않은 강박적인 '생각하기'란 사려 깊은 것이 아니다.

> 누구도 나를 대신해 모자를 쓸 수 없듯이, 나를 대
> 신해 생각을 해 줄 수 있는 사람은 없다.[3]

생애 마지막의 20년이 넘는 세월 동안 비트겐슈타인은 철학적인 **단평들**remarks을 썼다. 그는 만약 자기가 자연스러운 경향성을 거스르며 생각을 특정 방향으로 억지로 전개해 나가려고 했다면 그런 생각은 부자유스러운 것이며, **이것**이 바로 자기가 하는 탐구의 본성과 관계가 있다는 사실을 깨달았다. 의미심장하게도, 그는 단평과 단평 사이에 큰 빈칸을 남겨 두곤 했으며, 연속성 있는 산문의 양식을 회

---

[3] C & V, p. 4.

피했다. 그는 장章의 제목이나 차례를 사용하지 않는다. 그는 성과를 보고하거나 상술하지 않는다. 그의 단평들은 드넓은 사유의 광야를 오가는 하나의 여정으로서, 온갖 방향으로 종횡무진 왔다 갔다 하며, 흔히 상이한 방향에서 출발해서 동일한 지점을 향해 접근해 가곤 한다. 이런 방법은 문제를 전체적으로 조망*übersicht*하게 해 주며, 오로지 한 방향만을 고수하며 문제를 바라보는 일이 없도록 막아 준다. 그는 전문 용어를 사용하지 않으며, 자신이 하는 모든 철학적 주장이 부정확하고 의심스러운 상태에 있다는 점을 분명하게 자각한다. 그의 단평들은 혼란에 적용될 실마리이며, 기술적 통찰이 빚어낸 현란한 고안물이 아니다. 그는 진리의 기준으로 확실성을 거부하고 대신 통찰의 정확성을 옹호한다.

나는 내가 다음과 같이 말했을 때 철학과 관련하여 내가 서 있는 위치가 어디인지를 요약한 것이라고 믿는다. 진정 우리는 오로지 **시를 쓰듯**이 철학을 써야 한다.[4]

---

[4] C & V, p. 28.

그는 독일어의 대가이자 위대한 문장가였다. 그의 문체는 화려한 꾸밈이 없는 직선적이고 단순한 것이었지만, 다양한 속도 변화, 문장들의 길이와 균형, 잘 들어맞는 풍부한 실례 때문에 생동감이 넘쳤다. 그의 글은 독자가 텍스트에 직접 말려들도록 유도하는데, 그 이유는 그의 글이 논제들의 수동적인 수용에 도움을 주는 논증들이라기보다는 소망과 유혹과 뒤엉킴의 인지를 유도하는 자기심문의 드라마이기 때문이다.

> 올바른 문체로 글을 쓴다는 것은 철로 위에 기차를
> 정확히 올려놓는 것을 의미한다.[5]

가르치는 것도 같은 방식이었다. 그는 강의를 하지 않았다. 학생들은 그와 함께 원을 그리며 빙 둘러앉곤 했으며, 그는 수강생들 앞에서 누가 봐도 뚜렷이 자신의 생각들과 싸우면서 사유에 잠기곤 했다. 그는 자주 혼란을 느꼈고, 그렇다고 토로했다. 모임은 대개 토론으로 이루어졌고, 그는 자신의 생각을 끄집어내고자 노력하면서 다른 사람들도 똑

---

[5] C & V, p. 44.

같이 할 수 있게 도와주곤 했다. 쥐죽은 듯 미동조차 없는 집중과 극도로 진지한 분위기에서 침묵의 시간이 길어지는 경우가 빈번했다. 그야말로 사람들이 분별없이 빠져 있는 진부한 생각들을 확 잡아채서 떼 내버릴 것 같은 분위기였다. 하지만 광적인 추종자들이 이런 모습을 모방할 수 있는 위험도 있었다.

그는 사람들이 억지로 의견을 표현하게 하지 않았다. 그런 식의 강권은 초점 없는 대화, 다량의 단어와 이미지가 정신없이 난무하여 사유가 매몰되는 결과로 이어진다. 할 말이 없다는 것이 오히려 구원일 수 있는데, 왜냐하면 그럴 때에만 깊게 생각할 수 있는 기회가 있을 것이기 때문이다. 그리고 때로는 무언가 말을 하는 것이 아무런 의미가 없을 때가 있다. 적절성, 필연성, 무언가의 요점 같은 개념들이 지식과 설명을 쏟아내는 것보다 훨씬 더 중요하다. 그가 세운 목표는 사례를 활용하여 어떤 요령을 가르치고, 삶의 방식의 변화를 수반하지 않는 이해를 방지하는 대단히 실천적인 것이었다.


철학자는 해방의 단어를, 즉 지금까지 우리의 의식
을 막연히 짓눌러 온 것이 무엇인지를 마침내 파악할

수 있게 하는 그런 단어를 찾고자 분투한다.[6]

반면에 대부분 정신분석가의 저술이나 가르침은 안전한 정박지를 갖춘 세계에 진입하도록 우리를 유도한다. 본인이나 스승이 발견한 사실, 의미, 해석, 이론의 보고서가 그런 안전한 정박지이다. 그것은 우리를 달래서 동조하게 하는 우월하고 끝이 없는 담론이다. 프로이트는 대가다운 강연자였다. 그는 《정신분석 입문 *Introductory Lectures on Psychoanalysis*》[7] 에서 마치 물질의 본성에 관해서 발견한 사실을 학부생들에게 강의하는 물리학자처럼 자신이 발견한 것을 주저 없이 가르쳐 준다. 그는 자기의 지식이 본인과 동료들이 수행한 수많은 관찰과 경험에 기초한 것이고, 물리학자의 지식을 실험을 통해 확증할 수 있는 것처럼, 이 지식도 우리 자신에 대한 정신분석을 시도함으로써 확증될 수 있다고 주장한다.

프로이트는 사람들을 위해서 사유했다. 그는 사람들에게 그들 마음속에 어떤 내용이 들어 있는지 알려 주었으나, 이러한 지식의 본성에 대해서는 의문을 제기하지 않았다. 그

---

[6] PO, p. 165.

[7] S. Freud, *Introductory Lectures on Psychoanalysis*(1916–17), Penguin, 1973.

는 자기 동료들이 착각에 빠지지 않는 동질적인 무리의 사람들이며, 그가 자기 마음속에서 발견했던 것을 그들도 그들 마음속에서 어느 정도 발견했으리라고 가정했다.

그는 한 입으로 두 말하고 모략꾸미기를 잘 하는 마음의 본성에는 거의 주목하지 않았다. 이것이 신경증보다 훨씬 더 널리 광범위하게 나타나는데도 말이다. 설령 그의 동료들이 공부벌레였다손 치더라도, 과연 그들은 착각에 빠지지 않는다고 할 수 있을까?

시간이 흐르면서 정신분석가들은 마음의 본성과 신경증의 원인을 해명하는 상이한 설명을 내놓았다. 각각의 설명마다 신봉자가 있었고, 저마다 자기네 원조가 프로이트라고 주장하는 수많은 분파와 학파가 생겨났다. 하지만 주된 상수常數는 무의식에 대한 믿음이다.

우리가 마음에 관해 스스로 판단하고 그 판단에 책임지도록 권유받는 경우는 드물다. 대신에 사람들은 우리가 스승의 어깨 위에 올라 더 멀리 내다보기를 기대한다. 하지만 이것은 과학을 배우는 데는 어울리는 자세이지만 치료에는 아무런 쓸모가 없다. 치료란 특별한 성질의 주의력이 필요하고 우리가 하고 있는 일에 책임을 져야 할 필요가 있는 일이다. 비트겐슈타인에게 치료란 두 사람이 함께 생각을 나누는 것으로서, 여기서는 바보 같고 무식하게 덤비는 용기가 영리함보다 더 중요하다. 그는 언어와 벌이는 자신의 싸움을 눈에 보이게 하는데, 바로 이런 방식으로 우리가 자기 사유의 움직임을 떠올릴 수 있게끔 돕는다.

탐색 중에 그는 종종 자신의 직관과 취향과 감정과 유혹을 언급하곤 한다. 그는 '내게는 ……인 것 같다', '나는 ……한 느낌이 든다', '무언가가 내게 ……를 말한다', '지금 우리는 ……를 원한다', '여기에 ……한 충동이 강하다' 등의 표현을 자주 사용한다. 질문, 농담, 회상, 우화, 인상적인 터무니없는 사례들도 등장한다.

**아무쪼록** 헛소리하는 것을 두려워하지 말라! 다만 너의 헛소리에 주의를 기울이는 일에만 실패하지 말라.[8]

그는 재치의 여지를 둔다. 그는 프로이트의 재치를 인정했다. 돈과 똥, 강박적인 의식儀式과 몇몇 종교적 행위, 절단과 거세를 재치 있게 비교하는 능력, 우리가 성적 억제 때문에 정신분석학이 밝혀낸 진실에 저항하는 것이라고 주장할

---

[8] C & V, p. 64.

때 보여 준 재치(우리의 조급한 동의를 이끌어 내는 확실한 방법!), 자기는 설득하려는 것이 아니라 다만 진리를 말하려는 것이라고 주장하지만, 정작 설득력도 있는 글쓰기 양식까지 말이다.

## 3. 자유연상

하지만 정신분석학이 '발견한 것', 이론, 학파 말고도 정신분석학에는 또 다른 측면이 있다. 즉, 정신분석의 **실천**practice의 측면이며, 프로이트와 비트겐슈타인의 깊은 유사성이 바로 여기에 있다.

자유연상free association은 정신분석의 근본 규칙이다. 이것은 마음에 떠오른 것을 말하게 하고, 어떤 것도 따로 골라내거나 빠뜨리지 않으며, 문제 앞에서 비판적인 태도를 취하거나 직접 다그치는 일을 그만두는 것과 관련이 있다. 결국 분석가는 '균등하게 분배된 주의evenly suspended attention'라는 상보적인 자세를 취해야 한다. 즉, 당면한 상황을 그대로 받아들이고 자신의 주의력은 내던지는 것이다. 이 근본 규칙은 다소간 양방향으로 적용된다.

우리가 자유연상을 할 때 마음에 떠오르는 것은 무엇이든 말로 내뱉게 한다. 여기서 이 '무엇이든'을 어떤 지식의 진술로 받아들여서는 안 된다. 분석가는 그것이 참인지 아닌지를 확인하지 않는다. 그것은 진리와 거짓이라기보다 의미sense의 가능성이라는 장을 연다. 그것은 당사자가 말로 형언할 수 없는 그 무엇도 아니다. 오히려 그것은 어떤 부류나 집합에 속하는 것으로 확인해 줄 이런저런 속성을 갖지 않는, 그야말로 단독적인 그런 것이다. 분석가는 그것이 어떤 속성을 가졌는지는 관심을 두지 않는다.

자유연상은 꿈을 꾸는 것과 유사하다. 왜냐하면 꿈은 참이나 거짓을 단언하는 통상적인 설명이 적용되지 않는 보고들을 통해 전해지기 때문이다. 우리는 현재 꾸고 있는 꿈의 내용을 직접 가리킬 수가 없다. 보고된 내용은 별도의 검증이 불가능하기 때문에 그냥 그렇게 받아들일 뿐이다. 비록 자유연상이 꿈을 변형하기도 하지만, 어떤 사람에게 실제로 그가 보고한 바대로 꿈을 꾼 것이 아니지 않느냐고 말하는 것은 대개 의미 없는 일이다. 언뜻 봐도 전혀 말이 안 되는 꿈을 꾸는 경우가 흔히 있는데, 이러한 경우가 우리는 도대체 언어는 어떻게 무언가를 표상하고 또한 의미를 갖는 것일까 하는 의문을 가질 수 있다. 이 두 질문이 바로 프로이트와 비트겐슈타인의 주된 관심의 대상이었다. 하지만 그들이 이를 이해하는 방식은 달랐다.

프로이트는 물리학에 비견되는 마음의 과학을 수립하고 싶어 했다. 그는 마음의 모든 활동이 다 무언가에 의해 결정되는 것이며, 자유연상은 무의식 속에 자리한 억압된 소망에 이르러 멈추게 된다고 믿었다. 바로 그 억압된 소망이 그 연상을 말라붙게 하는 원인이라는 것이다. 이렇게 해서 그는 연상이 차단되는 원인을 추론할 수 있었다. 현장에서 활동하는 분석가의 임무는 이러한 과정을 관찰하여 그 연상을 차단한 소망이 무엇인지 해석하는 것이었다. 이 소망은 우리가 실제로 접하는 연상보다 더 깊고 더 진정한 차원, 즉 무의식 '안'에 자리할 것으로 추정되었다. 자유연상은 무의식 속에서 원인을 찾아내려는 목적을 달성하는 수단이었다.

언제나 영리함이라는 불모의 고원에서 내려와 어리석음이라는 푸르른 계곡으로 들어가라.[1]

한편 비트겐슈타인은 이론을 고안하고 원인을 찾는 것이

---

[1] C & V, p. 86.

아니라 불명료성을 해소하고 싶어 했다. 우리는 병甁 안에 빠진 채 그 안에서 아무 의미 없이 붕붕 날아다니는 파리 같은 신세이다. 우리가 어쩌다 그 안에 들어가게 된 것인지 세심하게 살펴보아야 한다. 이론을 세우려는 강박적인 충동 때문에 우리는 계속 병 안에 빠진 채로 머물게 된다. 우리는 언어 사용에 내재해 있으나 우리가 혼란에 빠져 증상이 심해질 때 망각하고 마는 이해와 감정의 지평을 다시 찾아내야 한다. 우리가 스스로 올바른 지평을 지향하고 의미 있게 말하기 시작할 때 혼돈은 사라지고 우리를 가두던 병은 자취를 감출 것이다.

여기서 중요한 것은 이론의 진리 여부가 아니라 의미와 무의미nonsense이다. 우리가 무의미한 말을 할 때 우리는 표현에 의미를 부여하지 못하며, 다만 무언가를 의미한다고 억지로 믿곤 할 뿐이다. 이런 유형의 무의미는, 예를 들면 루이스 캐럴Lewis Carroll, 에드워드 리어Edward Lear, 혹은《피네건의 경야Finnegans Wake》에서 제임스 조이스James Joyce가 보여 준 무의미와는 매우 다르다. 이들 작가의 경우는 부조리의 역설과 의미의 한계를 탐구하고 있다. 비트겐슈타인이 한 작업이 흔히 그런 식이다. 예를 들면, "만약 사자가 말을 할 수 있다고 하더라도, 우리가 그 동물을 이해할 수는

없을 것이다."²

　　만일 삶에서 우리가 죽음으로 둘러싸여 있다면, 우
　　리의 건강한 이해 또한 광기에 둘러싸여 있다.³

　치료가 필요한 의미의 실패란 텅 빈 상투적인 말들이다.
이럴 때 우리는 깊은 생각을 결여한 진부함에 빠져든다. 비
트겐슈타인은 무의미를 알아챌 수 있게 우리의 귀를 가르
치려고 애썼다. 소리와 의미의 유희를 들려주고, 그것이 사
람들의 관행 안에 고착되어 있음을 보여 줌으로써, 예컨대
우리 언어 안에 배태된 직유와 비유가 우리를 얼마나 쉽게
기만할 수 있는지를 보여 줌으로써, 그는 언어에 다시 생기
를 불어넣고자 했다.

　우리가 문제들을 낳는 이유는 우리의 사유와 언어 사용
이 어떻게 문제를 일으키는지 깨닫지 못하기 때문이다. 우
리는 바라는 상태를 성취하여 그쪽 방향으로 곧장 나아가
기를 원하고, 그러고 나면 이것이 문제로 바뀐다. 언어 사용
의 혼돈이 야기한 갈등과 모순이 어떻게 문제와 절망을 빚

---

² PI, p. 223.
³ C & V, p. 50.

어내는지 깨닫는 대신에 오히려 우리는 바라는 결과를 성취하기 위해 그런 것들을 특정한 패턴 속에 억지로 우겨 넣는다. 그러면서 어떤 종류의 경험은 획득하려고 하고 다른 종류의 경험은 회피하려고 애쓴다.

어떤 어려움 앞에서 단지 우리가 무엇을 말해야 하는지를 찾는 것이 아니라 그것을 **어떻게** 말해야 하는지를 찾는 것이 본질적인데, 비트겐슈타인이 자유연상과 매우 비슷해 보이는 철학적 단평들을 사용한 이유도 여기에 있다. 무언가를 어떻게 말하느냐가 말한 것이 무엇인지를 결정하며, 그것이 곧 사유를 보여 준다. 자유연상은 '말하기'라고 하는 활동, 우리가 단어를 사용하는 방식, 단어에 대한 우리의 느낌에 집중하라고 권한다. 우리의 단어가 말로 할 수 있는 것보다 그것의 어조와 몸짓이 더 많은 것을 드러낸다.

단어의 사용이 당신에게 그것의 의미를 가르치게 하라.[4]

자유연상에서는 사용 중인 언어를 보여 주는 언어게임이

---

[4] PI, p. 220.

수행되고 있는 것이지, 그 언어게임이 다른 어떤 특수한 목적을 위해서 사용되고 있는 것이 아니다. 게임의 성공 여부는 모든 게임 참가자가 나름의 방식으로 계속 움직일 수 있느냐에 달려 있다.

여기서 어려움은 우리가 자유연상을 하도록 쉽게 허용하지 못한다는 것이다. 왜냐하면 문제에 직면했을 때 일상적으로 우리는 가장 빠른 길로 목표에 도달해야 한다는 강박을 느끼기 때문이다. 우리는 직선로가 가장 빠른 길이라고 상상하며, 그래서 자유연상 같은 것은 억제해 버린다.

당신이 **어떻게** 찾고 있는지를 말해 보라. 그러면 당신이 **무엇을** 찾고 있는지 말해 주리라.[5]

탐색의 은유란 문제 해결을 논하는 데 사용된 가장 오래된 표현 중 하나이다. 우리는 문제의 '공간'을 철저하게 탐색하고, 그러한 인내의 보상으로 통찰을 얻는다. 탐색의 은유에는 물리적 공간을 탐색할 때의 특성들이 많이 들어 있다. 그래서 개념적 공간이나 정신적 공간에서도 그런 식의 탐색이 실행되는 것처럼 묘사된다. 즉, 우리가 우리 마음속

---

[5] PR 3. para 27.

을 탐색하는 것이다! 그런 다음 마음이라는 이 사적인 공간에서 무슨 일이 벌어지고 있는지 억측이 이루어진다. 자유연상은 우리를 탐색의 은유에서 벗어나게 한다. 자유연상의 과정에서 우리는 의미 없는 사유와 활동 및 그밖에 다른 많은 것을 기억하고, 상상하고, 주의하고, 고려하고, 탐색할 수 있다. 이것은 언어의 싸움이지 우리 마음속의 과정들 사이에서 빚어지는 싸움이 아니다.

자유연상에는 고정된 방법 같은 것은 없다. 자유연상의 방법은 우리의 마음이 의미를 창조하고 연상을 만들어서 그것들을 온갖 방식으로 합치고 분리해 보게끔 무제한적인 자유를 주고 그 과정을 주의 깊게 관찰하는 것이다. 이것이 우리가 자신의 실제 모습이라 믿는 바를 구성하는 우리의 고정된 정체성을 해체하는 일에 도움을 준다. 이것은 자기 자신과 분석가가 함께 하는 싸움으로서, 여기에는 어떤 외부 증인이나 원고나 판사 같은 것이 없다. 정신분석처럼 이것 또한 대화 치료이지만, 정신분석과 달리 반드시 부합해야 하는 외부 권위나 어떤 이상理想 같은 것은 없다. 무게 추는 단어들의 사용에 있다. 그 이유는 그러한 사용이 우리가 문제에 접근하는 방식을 보여 주기 때문이며, 또한 이 보여 줌showing이 우리에게 사유를 왜곡하는 기형적인 것들을 볼 수 있게 해 주기 때문이다.

철학을 할 때 우리는 사유의 질병을 **끝장내지 못할**
수도 있다. 그것은 자연스럽게 전개되어야 하며, **느린**
치유가 무엇보다도 중요하다.[6]

비트겐슈타인은 고심했던 주제를 중심으로 '오랫동안
혼란스러운 여정'을 이어 가던 도중에, 우리가 현상을 다른
시각에서 명료하게 볼 수 있게끔 고안된 단평들을 제시했
다. 여기에는 상기, 기술, 농담, 은유, 반어적인 촌평이 포함
된다. 그는 설명을 삼감으로써 혼돈을 명료하게 했고, 대신
에 우리가 어떻게 통일성과 거짓 우상을 창조하는지를 폭
로하는 유비와 불일치를 보여 주었다. 그는 언어를 통해 이
해를 명료하게 하고자 애썼다.

대개 정신분석가들도 실천적인 측면에서 상당히 유사한
일을 하지만, 이론상으로는 그리고 실제 환자와 접촉하지
않을 때에는 공식, 인과법칙, 기제 등을 선호한다. 비트겐
슈타인은 프로이트에 대해 이렇게 적었다.

---

[6] Z, para 382.

대단히 훌륭한 직유이다. 예를 들면, 꿈을 수수께끼 그림에 비교한 것 등이 말이다.[7]

어떤 측면을 알아채는 친숙한 경험이 비트겐슈타인 식 치료의 중요한 일면이다.

나는 어떤 얼굴을 찬찬히 생각하다가 불현듯 그 얼굴이 다른 얼굴과 닮았다는 것을 알아챈다. 나는 얼굴이 바뀌지 않았다는 것을 **안다**. 그런데도 나는 그것을 다르게 본다. 나는 이러한 경험을 '어떤 측면을 알아채기'라고 부른다.[8]

이것은 역설의 분위기를 풍긴다. 왜냐하면 우리는 새롭고 다른 방식으로 그 얼굴을 다른 사람의 얼굴과 비슷하다고 보는 것이지만, 동시에 우리는 그 얼굴이 바뀐 것이 아님을 알기 때문이다. 우리가 어떤 새로운 측면을 볼 때, 이것은 자동적인 반응이지 의지나 추론의 문제가 아니다. 우리에게 그냥 **떠오른 것**이다.

---

[7] PO, p. 107.

[8] PI, p. 193.

정신분석가들은 흔히 정신분석 대상자가 측면들을 알아 채게 한다. 그들은 이런 방법을 해석하기interpreting라고 부른다. 그래서 대부분의 전이 해석transference interpretation이란 측면들을 알아차리는 문제이다. 만일 어떤 정신분석 대상자가 진료 때 말고 평소에 하는 특정 행동을 언급한다면, 분석가는 그 행동의 일면이 진료 중에 나타났음을 집어낼 수 있다. 예를 들면, 다른 때 했던 가학-피학적인 행동이 진료 중에 '은밀히' 일어나고 있음을 보여 주는 것이다.

정신분석에서 등장하는 원형적인 유혹 장면은 혼란이 어떻게 시작될 수 있는지를 보여 주는 사례이다. 만약 어린아이가 성교 장면을 목격한다거나, 혹은 단지 사랑의 표현에 그치는 것이 아니기 때문에 아이로서는 이해할 길 없는 성性적 함축이 담긴 성인의 몸짓 앞에 노출된다면, 그 아이가 도저히 통합할 수 없는 간극이 만들어질 수도 있다. 아이는 기묘한 성적 상황에 무기력하게 사로잡히는 신세가 된다. 아이는 마치 기억이 억눌린 것처럼, 아니 더 그럴듯하게 말하자면 기억이 암호화되어 버린 것처럼, 그런 일을 이해할 수도 기억할 수도 없다. 그래서 그것을 표현하고 기억할 수 있게 하는 문법이 왜곡된다.

언어 속에 자리 잡은 잘못된 유비의 효과: 이것은 항시적인 싸움과 불안을 의미한다(마치 항시적인 자극처럼). 이것은 마치 멀리서는 우리가 어떤 것도 명확하게 지각하지 못하기 때문에 어떤 사물이 꼭 사람처럼 보이지만 가까이서 보면 그것이 나무의 그루터기라는 것을 알게 되는 경우와 같다. 우리가 위치를 조금 바꾸고 그러한 설명을 잊어버리는 순간 하나의 모양이 우리에게 나타난다. 만약 그러고 나서 우리가 조금 더 자세하게 살펴본다면 다른 모양을 보게 되며, 이제 우리가 다시 위치를 옮기면 계속해서 다른 모양을 보게 된다.[9]

이러한 구체적인 갈등은 말한 것과 행한 것에 주목함으로써 해소된다. 이것이 의미의 조건을 보여 줌으로써 잘못된 유비의 지배를 끊어낸다. 우리는 차이를 보아야 하는 경우에서 유사성을 보고, 그럼으로써 결국은 무의미하게 말을 하는 경향이 있다. 분석적 상황이란 언어와 사유의 이러한 혼란이 이해되고 그것을 명명하는 것이 허용될 수 있는 '놀이터'이다.

---

[9] PO, p. 163.

하나의 **그림**이 우리를 포로로 잡았다. 그리고 우리는 거기서 벗어날 수가 없었다. 왜냐하면 그것은 우리 언어 안에 자리 잡고 있으며, 언어는 우리에게 그 그림을 냉혹하게 반복하는 것처럼 보였기 때문이다.[10]

만약 우리가 자유연상과 그것이 폭로하는 우리의 언어 사용 방식에 주목한다고 하더라도, 따라 나오는 결론이란 아무것도 없다. 정신분석에서 사용되는 방법과는 대조적으로, 이것은 마음이란 '반드시 이와 같아야 한다'는 식의 주장으로 이어지지 않는다. 이를테면 우리가 달을 탐사할 때는 발견한 것을 기술할 수 있지만, 이것은 그런 식으로 하는 마음의 탐사가 아니다. 자유연상을 말로 기술할 때 흔히 정보의 언어가 사용되지만, 이것이 정보 제공의 언어게임에서 일어나는 일은 아니다. 프로이트는 자신의 환자들의 행위 배후에서 대부분 성性적인 동기를 발견했다고 주장했다. 비트겐슈타인은 환자들이 프로이트와 그의 학파 일원들 앞에서 자유연상을 했을 때 성적인 이미지와 사유가 생성되었다는 사실을 부인할 수는 없었다. 그러나 그는 비록 성욕이 많은 활동을 설명해 준다는 주장이 매력적이기는 하지

---

[10] PI, para 115.

만, 그렇다고 그것이 성욕이 보편적이거나 근본적인 원인임을 뜻하는 것은 아니라고 지적했다.

정신분석학은 의미에 집착하는 경향이 있다. 그래서 꿈의 해석에서 꿈에 등장하는 모든 소재가 의미의 범주로 환원될 수도 있다. 반면에 비트겐슈타인은 특별히 어떤 것을 의미하지 않으면서 그저 의미를 표시하기만 할 뿐인 현상의 가능성을 열어 두었다. 그래서 꿈은 보여 줄 수는 있지만 말할 수는 없다. 그 꿈은 찬찬히 들여다볼 수 있을 뿐 해석될 수 있는 것이 아니다.[11]

자유연상에서는 그 안의 활동과 명료화가 바로 그 활동 자체를 이끌어간다. 자유연상과 글쓰기가 단지 분석가의 설명 대상인 마음속의 그 무엇을 전달하는 방법만은 아니다. 그러한 활동들이 **스스로** 무언가를 드러내는 것이다.

나는 정말 내 펜으로 생각을 한다. 왜냐하면 내 머리는 종종 내 손이 무엇을 쓰고 있는지 전혀 모르기 때문이다.[12]

---

[11] L & C, pp. 45-48.
[12] C & V, p. 24.

비트겐슈타인의 저작물은 소소한 스케치와 개략적인 도해로 충만한데, 그 이유는 이러한 것이 단어보다 더 잘 보여 줄 수 있기 때문이다. 그는 언어에는 그림 같은 성질이 있다고 주장했다.[13] 언어는 그림을 그려내지만, 음악 같은 무언가로 넘어가기도 한다.[14] 회화, 드로잉, 음악 예술은 문제를 보여 주는 방법이 될 수 있으며, 외부의 해석이 필요하지 않다. 정신분석가들은 이러한 것을 치료에 거의 활용하지 않는데, 그들의 이론에 따르면 오로지 말로 하는 해석만이 변환되기 쉽기 때문이다. 하지만 위니캇D. W. Winnicott의 '난화 게임squiggle game'은 그러한 활동이 어떻게 무언가를 드러내는지를 보여 주는 사례로서, 이것은 치료자와 아이가 번갈아 가며 중요한 의미를 환기하는 그림을 종이에 낙서처럼 휘갈기게 하는 놀이치료이다.[15]

---

[13] TLP, pp. 19-25(4-4.0621).

[14] PI, paras 527-529.

[15] D. W. Winnicott, *Therapeutic Consultations in Child Psychiatry*, London: Hogarth Press, 1971.

## 4. 명료한 표상

비트겐슈타인 특유의 치료 개념 가운데 하나가 바로 그의 이른바 명료한 표상*übersichtliche Darstellung*이라는 생각 안에 응축되어 있다. 그는 아마도 이 점에서는 브로이어Joseph Breuer와 프로이트의 영향을 받았을 것이다. 두 사람은 환자가 곤경의 원천을 표현하고 그 표현이 적절하다고 인정할 수 있을 때 히스테리 증상이 사라진다는 것을 발견했다. 여기서 결정적인 요점은 그 원천을 인정하는 것은 바로 그 환자 자신이며, 그것이 원인을 찾는 관찰자의 가설이 아니라는 것이다.

명료성은 마음의 평화에서 핵심이다. 이것이 우리가 언어를 잘못 사용하고 오해하여 문제를 키우는 방식을 자각하게 해 주기 때문이다. 우리는 갈등 속에서 해방의 단어를 찾아야 한다. 우리가 해당 상황의 '관상physiognomy'을 정확히 떠올릴 때에만 비로소 그 상황을 넘어갈 수 있기 때문이다. 관상은 피를 뽑아서 분석하고 설명하는 것이라기보다는 상황의 맥박을 짚는 문제이다. 올바른 인간의 단어에는 관상이 있다. 그것은 '어쨌든 간에' 얼굴과 비슷하며 보편화되는 것도, 개별화되는 것도 아니다. 우리는 단어들의 사용을 분명하게 조망할 필요가 있다. 단어가 사용되는 방식이란 규칙에 동여매인 것도 아니고 근본적인 것도 아니지만, 그것이 바로 말을 만들어 준다. 올바른 표현을 발견하는 일은 미리 생각해 놓은 사유를 정확하게 표현하는 것이라기보다, 그 표현이 전해 주는 사유가 만족스럽고 편안하다는 것을 의미한다.

명료한 표상은 육체를 떠난 관찰자의 위치, 이른바 새의 관점에서 이루어지는 것이 아니다. 이것은 들여다보기가 아니라 흘끗하기 혹은 일련의 흘끗하기에 기초한다.[1] 이것은 일본의 수묵화와 더 비슷한데, 지상의 도드라진 모든 것을 그림에서 보이게 해 놓음으로써 우리는 그것이 펼쳐져

---

[1] N. Bryson, *Vision and Painting: The Logic of the Gaze,* London: Macmillan, 1983, pp. 87-131.

있다고 의식하게 된다. 표현의 생기가 모습을 드러내는 것은 작업을 해 나가는 노동하는 육체를 통해서이다. 이것은 적절한 표현의 형식과 더불어 나타나며 또한 시간이 걸리는 일이다. 비트겐슈타인은 올바른 표현으로 정곡을 찌르기에 앞서 수많은 표현 형식을 여러 권의 공책에 시험해 보았다. 치료하는 사람들도 같은 일을 한다. 우리는 뒤얽힌 삶과 언어의 바깥으로 나가지 못한다. 모든 구별은 그 안에서 그어져야 한다. 명료한 표상은 우리의 단어 사용의 어떤 새로운 측면을 부각함으로써 게슈탈트 식 전환을 불러온다. 이것은 기존의 안개를 흩어지게 하며, 설명에 활용할 이론과 이론적인 존재자들을 창조하고 싶은 유혹에 저항한다.

> 표현 불가능한 것(내가 수수께끼 같다고 여기는 것
> 과 표현할 수 없는 것)이 아마도 하나의 배경을 제공
> 할 것이다. 내가 표현할 수 있었던 것이라면 무엇이든
> 바로 그러한 배경에 비추어 의미를 획득하는 것이다.[2]

명료함이란 잘 정돈된 말끔함이 아니며, 전문 용어를 요구하지도 않는다. 그것은 얽혀 있는 관계를 명료하게 하는

---

[2] C & V, p. 23.

것을 의미한다. 우리는 명료한 말을 통해서, 그리고 의미의 심연이라고 하는 말로 할 수 없는 어떤 바탕에 닿아 있는 표현의 힘을 통해서 단순성에 도달한다. 언어의 전개는 그것의 순수한 결정체가 끝도 없는 당혹스러운 사건들의 진행 경로를 셀 수 없는 방식으로 고쳐 나가는 과정 속에서 이루어지며, 그럴 때 바탕이 되는 것이 바로 이 침묵의 몸짓이다.

명료성이란 구조물의 바로 그 기반을 투명하게 하는 것, 구조물의 비구조적인 기반을 명백하게 하는 것이다. 우리 시대는 진보라는 생각에 사로잡혀 있다. 진보는 건설적인 기술技術을 염두에 둘 때 비로소 유의미하다. 그러나 인간적인 번영이라는 점을 고려한다면, 우리의 삶에서 훨씬 더 문젯거리가 되는 것은 구조물이 있어야 할 장소이다. 이 시대가 낳은 아이인 정신분석학은 정신질환을 설명하기 위해 불가피하게 이론적인 구조물을 건설했다. 이 구조물에서 진보의 개념은 결정적인 것이었다. 정신분석학은 언제나 전진하고 있는 것으로 전제되었다.


나는 이렇게 말할 수 있을 것이다. 만약 내가 도달하기를 원하는 장소가 오로지 사다리를 이용해야만 올라갈 수 있는 곳이라면, 나는 거기에 닿고자 하는 시도를 포기할 것이다. 왜냐하면 내가 정말로 가야 하는 장소라면 내가 이미 실제로 거기에 있어야 하는 곳이기 때문이다.[3]

진보는 문제의 해결책, 그야말로 현재 진행형의 해결책을 가정한다. 그래서 건설적이다. 우리는 설명하기 위해 점점 더 많은 복잡한 구조물을 만든다. 우리는 단순한 것의 명료성에서 출발한다. 추정하건대 단순한 '원자'로부터 무언가가 만들어진다. 그래서 우리는 사물과 사람을 물체와 힘으로 환원하고, 이러한 것으로부터 더욱더 형식화되고 복잡해지는 구조물을 만들어 낸다. 이것이 바로 본질적인 생산성이다.

철학은 언어라는 수단을 갖고서 우리의 지성이 빠져든 미혹에 맞서는 싸움이다.[4]

여기서 핵심어는 '수단'이다. 이것은 독일어 *Mittel*의 번

---

[3] C & V, p. 10.
[4] PI, para 109.

역어로서, '치료'나 '방책'으로도 바꾸어 쓸 수 있는 말이다. 우리를 황홀경에서 벗어나게 할 치료법은 바로 언어라는 방책을 요청할 때 발견할 수 있다. 언어는 단지 수단만은 아니다. 비트겐슈타인은 단어의 연금술을 사용했는데, 그 이유는 단어들이란 경험을 변형할 수 있는 힘을 잠재한 마법이기 때문이다. 이 마법은 문학에서처럼 창조적일 수 있지만, 또한 미혹의 힘도 가진다.

교리의 인도 없이 방향을 찾아 간다. 우리의 길을 찾는 과정에서는 의심과 절망이 본질적이다. 그것은 지성의 어려움이 아니라 태도의 변화, 즉 감정의 억제가 요구되는 어려움이기 때문이다. 우리는 마음을 달래 주는 설명의 유혹을 조심해야 한다. 사유와 행동을 지배하고자 의사소통의 범위 바깥에서 필요한 것을 찾으려고 하는 목소리를 경계해야 하는 것이다. 담론의 자율성과 그 안의 대화의 특성이 존중되어야 한다. 대화 주제가 그야말로 '그 자체'가 될 수 있게 해 주는 것이 바로 이 '뿌리 없음'이다.

치료의 명료성이란 어두컴컴한 땅속에서 오랫동안 자라 온 감자에서 싹이 돋아나는 데 미치는 햇빛의 효과와 같은 효과를 낼 것이다. 아마도 명료성은 치료자가 단어의 연금술에 더 많이 주의를 기울이게 하고, 새로운 방법의 발견이

나 경쟁적인 진리 주장을 담은 이론에는 관심을 덜 갖게 해
줄 것이다.

　　내가 과연 우리가 살아가는 방식의 변화를 소망하
기보다 차라리 이 모든 의문을 불필요한 것으로 만들
고 그냥 다른 사람이 내 작업을 지속해 주기를 더 소망
할지는 내게는 전연 분명하지가 않다. (이러한 이유
로 나는 결코 학파를 세우지 못할 것이다.)[5]

---

[5] C & V, p. 70.

## 5. 회의주의

비트겐슈타인은 비판적인 사상가였다. 그는 독단적인 생각을 의문시했고, 어떤 이는 그를 회의주의의 철학 전통에 속하는 사람이라고 보았다.[1] 그러나 어느 정도 구분이 필요한데, 비트겐슈타인은 그가 자주 비판했던 근대의 학술적인 회의주의가 아니라 고대 그리스의 회의주의자에 더 가깝기 때문이다. 그리스의 회의주의자는 무엇보다 치료자였으며, 어떤 면에서 그들의 실제 치료법은 정신분석에 가까웠다.

　고대 그리스 회의주의의 위대한 힘은 세력의 균등(*isothenia*, 문자 그대로 말하자면 양측이 같은 힘을 갖고 있다는 뜻)을 이용

---

[1] R. J. Fogelin, *Wittgenstein*, 2nd edition, London: Routledge and Kegan Paul, 1987, pp. 226-234.

한다는 데 있다. 즉, 생길 수 있는 어떤 쟁점에 대해서건 간에 양측이 내놓는 똑같이 강력한 명제 혹은 논증을 대립시키고, 그럼으로써 쟁점을 둘러싼 양측 입장의 정당성을 동등하게 균형 잡아 주는 것이다. 그럴 때 판단 중지*epochē*를 낳을 수 있고, 판단 중지는 평온과 독단적 태도의 중단으로 이어진다. 이 방법은 특정 믿음들에 반드시 의존해야 하는 모든 상황을 피하는 것이다. 이것은 일련의 믿음에 의존하여 다른 일련의 믿음을 훼손할 것을 요구하지 않으며, 당연히 여기에는 회의주의에 대한 '믿음'도 포함된다! 이것은 명제적인 특성을 지닌 어떤 논제로도 귀결되지 않는다.

> 설령 어떤 이가 철학에서 **논제**를 제출했다 하더라도, 그것을 토의하는 일은 가능하지 않을 것이다. 왜냐하면 모두가 그것에 동의할 것이기 때문이다.[2]

프로이트가 정신분석을 실행하면서 옹호한 균등하게 분배된 주의와 '판단 중지'가 다르지 않다는 것을 알아채는 일은 어렵지 않다. 그는 말해진 것의 진위 여부를 확인하려고 노력하지 말아야 하며, 또한 중요해 보이는 것을 기억하

---

[2] PI, para 128.

거나 적어 두려고 노력하지도 말아야 한다고 제안했다.[3] 비
트겐슈타인이 실행한 것도 유사하다. 그는 논지를 전개하
거나 우리의 믿음을 증대하려고 애쓰지 않는다. 그의 과제
는 철학의 부당한 것들을 해소하는 것, 그런 문제들을 물속
의 설탕 덩어리처럼 용해해 버리는 것이다.

> 철학자가 자신의 혼란의 핵심을 발견하지 못하는
> 한, 그는 무력함 속에서 이를테면 과장하고 소리친다.[4]

이것이 바로 우리가 신경증적인 혼란에 빠졌을 때 하는
일이 아닌가?

> 철학이 할 수 있는 것은 우상을 파괴하는 것이 전부
> 다. 그리고 그것은 새로운 우상의 창조를 의미하지 않
> 는다. 예를 들면 '우상이 부재'하는 경우에서처럼 말
> 이다.[5]

---

[3] S. Freud, *Recommendations to Physicians Practising Psychoanalysis*
(1912), S. E. 12: 109-120.

[4] PO, p. 181.

[5] PO, p. 171.

하지만 프로이트는 그의 이론화 작업에서 정말로 '우상'을 창조했다. 그의 우상은 근대 회의주의가 표현하는 이념에 의존하는 것으로서 정신분석학의 실행 속으로 흘러들어 갔다. 근대 회의주의는 우리가 안다고 가정하는 한 주제에 관한 명제로부터 의심스럽다고 주장하는 또 다른 주제로 나아가는 과정의 합법성에 문제를 제기한다. 그래서 한 가지 공통된 문제가 외부 세계와 타인에 대한 우리의 지식이다. 우리는 자신의 현재 정신 상태는 알지만 우리 마음과 별개로 있는 것에 관한 진술을 정당화하지는 못한다고 독단적으로 가정된다. 프로이트는 우리가 본질적으로 원자와 같은 개인이며, 이성과 지식은 오로지 격리된 개개인이 활용할 수 있는 자원을 가지고서만 생성될 수 있다고 가정했다. 그러므로 우리는 무의식적인 상태와 과정뿐만 아니라 타인과 외부 세계의 현존도 추론해야 한다.[6] 그는 신생아와 '원시적'인 사람들은 자신의 마음속에 갇혀 있는 단자單子와 같으며, 오로지 마술적인 사유를 통해서만 바깥의 타인이나 세계와 관계를 맺을 수 있다고 생각했다.

비트겐슈타인은 인간관계가 실천적이고 한정적인 성격

6 S. Freud, 'The Unconscious' (1915) in *On Metapsychology: The Theory of Psychoanalysis*, Penguin, 1984, p. 170.

을 띤다는 것을 보여 주었다. 그러한 관계는 영위되고 경험되며, 정당화나 증명보다는 인정이 필요하다. 프로이트는 우리가 타인의 현존을 자각하는 일을 정당화하고자 노력했다. 그는 이론화할 때 순수하게 추상적인 접근 방식을 취했고, 그럼으로써 감정과 사유를 가진 인간의 존재를 우리는 오로지 추론만 해볼 수 있을 뿐이라고 결론 내렸다. 그러나 우리가 타인을 인정하는 것은 이론보다 훨씬 더 심오한 일이다. 세계에 타인이 현존한다는 것을 긍정하거나 부인하는 일은 의미가 없다. **인정**의 개념은 긍정이나 부인보다 더 심오한 것이기 때문이다. 아기는 생의 아주 이른 시기에 타인의 현존을 인정한다.

　　'우리는 감정을 **본다**'는 것은 무엇과 대비한 것일까? 우리는 찡그린 얼굴을 보고 그것에서 (마치 의사가 진단하듯) 기쁨, 슬픔, 지루함을 추론하는 것이 아니다. 우리는 심지어 얼굴 표정을 다른 어떤 식으로 기술할 수 없을 때조차도 즉각 얼굴이 슬프고, 환히 빛나고, 지루하다고 기술한다. 어쩌면 이렇게 말하고 싶을지 모른다. 슬픔은 얼굴에서 의인화되는 것이라고. 이런 것이 바로 감정의 개념에 속하는 것이다.[7]

신체가 감정을 표현하지만, 그렇다고 감정이 신체의 운동은 아니다. 우리는 사람에게 반응하는 것이지 신체에게 반응하는 것이 아니며, 유의성을 엮어 내는 맥락과 타이밍 속에서 그 사람이 눈에 들어온다.

비트겐슈타인은 회의적인 시나리오를 언급함으로써 회의적인 의심에 의문을 제기한다. 그는 자신의 의식을 향해 주의를 돌리는 등의 터무니없는 장면을 연출하는 회의주의자를 풍자하는 글을 썼다.[8] 프로이트가 '우리의 의식적인 행위'야말로 직접적인 자료라고 주장할 때, 그가 우리에게 하라고 요청한 일이 바로 그것이다.[9] 우리가 세상과 맺고 있는 관계와 자연스러운 언어 사용을 차단한 채 서재에 들어앉아 이론을 만들고 있을 때, 비로소 우리는 타인도 고통을 겪는지 그렇지 않은지 의심하기 시작한다. 또는 모든 것이 정말로 우리 마음속에 들어 있는 것인지 궁금해 하기 시작한다. 그럴 때 우리는 우리가 주관적 경험의 확실한 지식이라고 가정하는 것들을 향해 안으로 주의를 돌리고 싶은 마음의 유혹을 받는다. 우리가 그렇게 할 때, 단어들은 더는

7 Z, para 225.

8 PI, para 412.

9 S. Freud, 'An Outline of Psychoanalysis' (1940) in *Historical and Expository Works in Psychoanalysis,* Penguin, 1993, p. 376.

의미하기를 그만두게 된다. 그렇기 때문에 우리는 단어들의 일상적인 용법을 상기해야 할 필요가 있다.

> 아이는 우유가 존재한다고 믿을까? 혹은 우유가 존재한다는 것을 알까? 고양이는 쥐가 존재한다는 것을 알까?[10]

회의주의는 우리에게 우리가 세계와 맺는 으뜸의 관계는 지식을 통해 맺어지는 것이 아님을 보여 준다.

---

[10] OC, para 478.

# 6. 지식

우리는 흔히 어떤 단어에 홀리곤 한다. 예를 들면, '안다'와 같은 단어가 그렇다.[1]

프로이트는 근대성이 낳은 아이였고, 신경증 환자의 진료 경험에도 불구하고 지식의 축적이 우리의 문제를 해결하는 방법이라고 고집했다. 그는 스스로를 과학자로 여겼고, 그래서 무의식과 신경증을 야기하는 다양한 정신적 기제를 찾아냄으로써 지식의 증대에 기여했다고 생각했다. 그는 다양한 유형의 인간적 불행을 치유하는 방법에 관한 지식을 생산하는 참된 연구 산업을 창조했다. 그러나 지식

---

[1] OC, para 435.

은 기만적이었다.

오이디푸스 콤플렉스는 프로이트의 가장 유명한 '발견'에 속한다. 그에 따르면, 이 콤플렉스가 성격이 구조화되는 과정에서 근본적인 역할을 수행한다. 그가 소포클레스의 희곡《오이디푸스 왕 *Oedipus Tyrannus*》을 해석한 바에 따르면, 오이디푸스는 우리 모두가 공유하는 유년기의 무의식적인 소망, 즉 부모 중 한쪽만 소유하고 나머지는 죽이고 싶은 소망을 실행에 옮긴다. 프로이트에 따르면 바로 이런 사실이 그 희곡이 어째서 호소력을 지니는지 설명해 준다. 더 면밀히 읽어 보면, 불행하게도 그 생각을 뒷받침할 증거가 없다는 사실이 드러난다.[2]

프로이트는 오이디푸스가 아버지를 죽이고 나서 어머니와 결혼한 이유가 그에게 '오이디푸스적인 소망'이 있었기 때문이라는 것을 입증해 보여 주지 않는다. 그는 오이디푸스가 어떤 다른 환상이 아닌 바로 오이디푸스적인 환상을 실행에 옮기고 있다는 어떤 증거도 내놓지 않는다.

이 희곡의 주제는 '안다는 것'의 위험성과 복잡성이다.[3]

---

2 J. Lear, *Open Minded*, Cambridge, Mass.: Harvard University Press, 1988, pp. 33-55.

3 J-J. Goux, *Oedipus, Philosopher*, trans. C. Portor, Stanford University Press, 1993.

그리스어에서 오이디푸스라는 이름에는 '부풀어 오른 발'과 '안다'라는 말의 여운이 실려 있다. 즉, 오이디푸스는 발은 약했지만 정신은 강했다. 희곡 전체에서 그의 '앎'이 강조된다. 그는 자신의 본래 신분이 아니라 영리한 머리 덕분에 테베의 전제군주가 된다. 그가 스핑크스의 수수께끼를 해결하자 스핑크스는 곧 자살하지만, 테베에 전염병을 퍼뜨리는 끔찍한 복수를 감행한다. 오이디푸스는 통상적인 영웅과는 달리 스핑크스를 직접 죽인 것이 아니다.

오이디푸스는 너무도 간절히 알고 싶어서 오히려 자기가 하는 일의 의미를 온전히 파악하지 못하면서도, 끊임없이 결론으로 비약해 간다. 그는 의미란 인간의 이성 앞에 투명한 것이며, 자기는 문제가 무엇인지 안다고 가정한다. 그는 자기가 아버지를 죽이고 어머니와 결혼할 것이라는 이야기를 들었으면서도 아버지뻘이 되기에 충분한 나이 든 남자를 성급하게 죽이고, 어머니뻘이 되기에 충분한 나이 든 여인과 결혼한다. 그리고 그 일을 자랑스럽게 여긴다! 그는 모호하기로 악명이 높은 신탁을 들으면서도 듣는 즉시 그 신탁의 의미를 안다고 가정한다.

소포클레스는 '안다는 것'에 대한 비판을 제시한다. 오이디푸스는 부모가 버린 아이였으며, 이에 대한 반응으로

'앎'에 탐닉한다. 그는 자기가 가진 정신의 힘을 찬양하며, 마치 너무 괴로운 나머지 자신의 실패는 인식하지 못하는 사람처럼 보인다. 그는 자신의 탐닉을 실행에 옮긴다.

비트겐슈타인은 지식에 대한 소포클레스의 염려를 상당 부분 공유했고, 소포클레스처럼 지식보다는 이해를 추구했다. 그가 남긴 후기 저술의 상당수가 '지식 주장'을 비판하는 것이며, 우리 삶의 기반은 지식이 아님을 보여 준다.

우리가 안다고 주장하는 많은 것이 있다. 예를 들면, 나는 구구단을 알고, 누가 수상인지도 알고, 해부학도 꽤 많이 안다. 이 모든 사례에서 나는 나와 별개로 있는 어떤 것에 호소함으로써 내 주장을 정당화할 수 있고, 그러다 내가 틀린 것으로 밝혀질 수도 있다. 그러나 어떤 이가 나에게 붉은 얼룩을 보여 주고 내가 그것이 붉다고 말한 다음에 그가 이렇게 묻는다고 가정해 보라. '어떻게 알았죠?' 한 가지 답변은 이것이다. '영어를 배웠으니까요.' 그러나 나는 그 얼룩이 붉다는 것을 어떻게 알아본 것일까? 내 마음속에 붉음에 대한 이미지가 들어 있어서 내가 어떤 붉은 것을 볼 때 그것이 그 이미지에 부합한다는 것을 알게 되는 것일까? 그런데 내가 가진 붉은 이미지가 붉다는 것을 나는 어떻게 알아보는가? 배워서 아는 것일까? 그리고 나의 이미지와 그 붉은 얼룩을 올바르게 짝지었다는 것은 또 어떻게 아는 것일까?

우리가 붉음을 가리킬 때, 실제로는 어떤 붉은 대상을 가리키는 것이다. 따라서 붉은 대상의 모양이나 표면을 가리키는 것일 수도 있기 때문에 단지 가리키는 것만으로는 붉음이 무엇이라고 결정할 수 없다.

이에 대한 고찰은 우리가 통상적인 상황에서 실수를 저지를 리 없는 기초적인 모국어 사용의 역량이 진정한 의미의 지식으로 불릴 수 없다는 것을 보여 준다.[4] 우리는 사물을 가리키고 그것을 알 수 있기 전에 먼저 단어를 채택할 수 있어야 한다. 당신은 클라리넷 소리가 어떤지 어떻게 아는가? 당신은 커피 맛을 어떻게 아는가? 그리고 당신은 게임이 무엇인지 어떻게 아는가?

나는 내가 굳건히 고수하는 명제를 명시적으로 배우지 않는다. 나는 물체가 회전할 때 그 중심에 있는 회전축이 그렇듯 그런 것을 나중에 가서 **발견**할 수 있다. 이 회전축이란 어떤 것이 단단히 붙잡고 있다는 의미에서 고정되어 있는 것이 아니다. 다만 회전축을 중심으로 한 운동이 그것의 고정성을 결정하는 것이다.[5]

---

[4] OC, paras 526-531.

내가 명시적으로 배우지 않은 것은 많다. 예를 들면, 내 손은 내가 주의를 기울이지 않는다고 해서 사라지지 않는다. 지구는 내가 태어나기 오래전부터 존재해 왔고, 내가 죽고 나서도 계속 존재할 것이다. 물리적인 대상이 존재하며, 나는 몸이 있고, 달이 아니라 지구에서 태어났다. 우리의 삶이란 많은 것을 기꺼이 받아들이는 데 있다. 지식과 이성은 이런 기초적인 것에 의존하며, 우리가 무언가를 신뢰할 경우에만 가능하다.

정신이상 상태에서는 이러한 신뢰가 부재할 수 있다. 그래서 어떤 이는 자기가 살았는지 죽었는지 모르고, 자해를 시도함으로써 자기가 살아 있음을 증명하려고 할 수도 있다. 보통의 사람에게는 자기가 살아 있다는 것은 지식의 문제가 아니다. 당신이 죽었다는 이야기를 듣는다면 어떻게 답하겠는가? '글쎄요, 난 움직이고 말을 할 수 있는데요.' 그러나 당신이 자동기계라는 말을 들었다고 가정한다면?

> '나는 그가 자동기계가 아니라고 믿습니다'라는 말
> 역시 아직까지는 아무런 의미가 없다. 그를 향한 나의
> 태도는 하나의 영혼을 향한 태도이다. 나는 그에게 영

---
[5] OC, para 152.

혼이 있다는 **의견**을 갖고 있는 것이 아니다.[6]

 우리는 통상적으로 자동기계를 대하는 방식과는 다르게 서로를 대우하고 서로에게 반응한다. 이것은 자연스러운 일이며 믿음이나 가설이나 지식의 문제가 아니다. 아기는 아주 이른 시기부터 물체들을 대할 때와는 다르게 사람들을 대한다. 우리의 행위와 발언, 제정신과 광기, 공동체 감각은 신뢰와 공유된 삶의 형식에 의존한다. 우리는 유머, 슬픔, 유의미함의 감각과 충족감, 비난, 호소, 처벌이 무엇인지, 무엇이 맞고 무엇이 안 맞는지 등의 공통된 반응을 공유한다. 이러한 조율은 절대적인 것은 아니다. 우리의 사유와 이해는 일부분 일상의 실행을 배경으로 결정된다. 인간적인 삶의 문법의 일부로서 평상적인 것과 관용의 영토가 존재한다.

 우리가 무언가를 아는 것은 언제나 자연의 호의 덕분이다.[7] 지식은 종국에는 인정에 기초한다.[8]

---

[6] PI, p. 178.

[7] OC, para 505.

[8] OC, para 378.

정신분석의 한 가지 매력은 그것이 내면세계를 안다고 주장한다는 점인데, 많은 이들에게 내면세계란 신비로운 비밀 장소이다. 프로이트는 객관적인 물리세계를 본보기로 삼아서 그가 아는 당대의 물리학이 기술하는 방식대로 내면세계를 구성했다. 그는 의식적인 정신 상태의 근원에 자리하고 있는 모종의 기제에 관한 그림을 고안했다. 하지만 사람들이 기계로 보이지는 않으며, 우리는 사람들을 그런 식으로 대하지도 않는다. 그러나 프로이트에 따르면 기계는 '밑에 숨어' 있다.

비트겐슈타인은 내면이 살아 있음을 확실히 보여 주기 위해서 내면세계를 탈脫신비화하고자 애썼다.[9] 내면이 감추어져 있다는 것은 부인할 수 없는 진리처럼 보인다. 흔히 우리는 사람들이 무엇을 느끼고 생각하는지 알지 못한다. 우리 모두는 생각과 감정을 자기 안에 감출 수 있다. 실제로 예의범절을 가르칠 때 그런 태도를 권장하기까지 한다. 더 나아가 우리는 어떤 문제에 대해서 자기가 어떤 생각이나 감정을 갖고 있는지 확신하지 못할 수도 있으며, 간혹 이유를 알지 못한 채로 어떤 일을 할 때도 있다. 또한 우리는 어

[9] H. L. Finch, *Wittgenstein*, Rockport, Mass.: Element Books, 1995, pp. 73-90.

떤 이를 오해할 수 있는데, 심지어 그 사람이 우리에게 이해 받기 위해 열심히 노력하고 있을 때조차도 그렇다. 그리고 물론 꿈과 실언은 우리 삶의 많은 부분이 신비하다는 것을 보여 준다.

> 나는 예견 불가능성이 정신적인 것 중 한 가지 본질 적인 속성임에 틀림없다고 생각한다. 표현의 끝없는 다중성과 꼭 닮았다.[10]

친구를 만난다. 그가 나를 보고 미소를 지으면서 기뻐한 다. 나는 이것을 어떻게 아는가? 그에게 묻더라도 그가 내 게 거짓말하지 않는다는 것을 어떻게 아는가? 요점은 이것 이 지식의 문제가 아니라 이해의 문제라는 것이다. 왜냐하 면 여기서 우리는 이해에 필요한 판단을 요구하는 신축성 있는 개념들을 가지고 게임을 하고 있는 것이기 때문이다. 오류가 불가능할 때나 명백한 증거법칙이 존재하는 사안에 대해서만 비로소 우리는 안다고 말할 수 있다. 이리저리 엉 킨 일상의 삶 속에서 우리는 무언가를 아는 것보다 무언가 에 의미를 부여하는 일에 더 많은 관심을 기울인다. 이것은

---

[10] LW2, p. 65.

우리가 사람들과 친밀해져서 그들에게 익숙해질 때에만 가능하다. 매우 기묘한 전통이 있는 나라의 사람들은 우리에게 수수께끼 같은 존재일 것이다. 설령 우리가 그곳 사람들의 언어를 안다고 하더라도 말이다.

물론 허위에도 그 나름의 외부 신호들이 있으며, 그렇지 않다면 우리가 허위에 대해 이야기할 수 없었을 것이다. 그러나 아이가 누군가를 속일 수 있으려면 먼저 발달을 해야한다. 상대적으로 복잡한 삶의 패턴이 존재할 때에만 비로소 우리가 허위에 대해 말할 수 있다. 아이가 무언가를 속이고 있다고 처음 말하게 되는 때는 언제일까? 우리는 허위를 알아볼 수 있기 이전에 먼저 진실성에 대한 감각을 갖고 있어야 한다.

사유와 감정의 표현의 진실성을 판단하는 데 필요한 것은 사람들에 대한 느낌이며, 이것이 지식을 축적하는 문제가 아니다.


이런 점에서 어떤 누군가가 다른 사람의 스승이 될 수 있을까? 확실히 그렇다. 그는 시시때때로 상대방에게 올바른 **요령**을 제공한다. 이것이 바로 '배움'과 '가르침'의 비슷한 측면이다. 여기서 요구하는 것은

어떤 기법이 아니다. 우리는 올바른 판단을 배우는 것
이다.[11]

우리는 지극히 소소한 증거를 갖고서 헤쳐 나가야 하며,
여기에는 미묘한 눈짓과 몸짓 그리고 어조 등이 포함된다.

　스스로 물어보라. 사람은 '낌새'를 느끼는 법을 어
　떻게 배울까? 그리고 이 낌새를 어떻게 사용할 수 있
　을까?[12]

불행하게도 정신분석가들은 내면적인 것의 생생함을 접
했을 때 불안한 마음으로 이런 질문을 던지는 법이 거의 없
다. 예를 들어, 비온 W. R. Bion[13]의 후기 작업 같은 드문 예외
를 제외하면, 그들은 '앎'의 신화를 창조하여 그 불안을 누
그러뜨릴 수밖에 없다고 느낀다. 상상 속의 내면의 기제에
대한 지식을 축적하는 것이 인간적인 이해에 필요한 '낌새'
를 발달시키는 최선의 방법일까? 마치 내면세계의 지식을

---

[11] PI, p. 227.

[12] PI, p. 228.

[13] W. R. Bion, *Attention and Interpretation*, London: Tavistock, 1970.

제공한다는 것이 편집증에 가까운 일로 느껴질 만큼 해석들이 난무했다. 왜냐하면 편집증 환자는 타인들과 함께 설 발판을 상실했기에 오히려 절박하게 타인을 알려고 하는 것이기 때문이다. 그는 아무런 소득 없이 타인의 마음속을 알고자 애쓰면서 끝없는 의심을 품는다.

철학을 하는 사람은 흔히 어떤 언어 표현에 대해서 잘못된, 부적절한 몸짓을 취한다.[14]

---

14 Z, para 450.

# 7. 이론

프로이트는 이론을 구성할 때 과학주의의 이념을 표방하는 몇 가지 사항을 가정했다. 과학주의란 과학의 여러 분야들 바깥에서 그것들을 통틀어 조망하고자 하는 입장으로서, 과학이 설명과 진리를 제공하는 유일하게 합법적인 형식이라고 가정한다.[1] 이 이념의 주된 표징이 바로 환원주의와 결정론이다. 모든 정신적 사건들이 인과적으로 결정된다고 본 프로이트의 믿음 탓에 학생들은 그의 면전에서 저마다 자신이 한 모든 일을 설명해야 했다. 이를테면 어째서 어떤 이는 숟가락을 제대로 쥐지 않았는지, 혹은 어째서 어떤 이

---

[1] J. Bouveresse, *Wittgenstein Reads Freud: The Myth of the Unconscious*, trans. C. Cosman, New Jersey: Princeton University Press, 1995.

는 그러그러한 일을 이러이러한 방식으로 했는지 등등에 대해서 말이다.[2] 비트겐슈타인은 이것은 이성이라기보다 미신에 더 가까운 것이라고 말한다. 어째서 모든 것에 설명이 있어야만 한단 말인가?

과학의 발전은 실제로 과학이 지식을 추구하는 다양한 인간 행위를 가리키는 일종의 가족관계 개념임을 암시한다. 이러한 행위에는 공통적인 특징이 일부 있지만, 모두에게 결정적으로 나타나는 특징들의 집합 같은 것은 없다. 수리물리학과 고생물학을 비교해 보라.

> 오도된 유사성: 물리학이 물리적인 것들의 영역에
> 서 그러하듯이 심리학도 정신적인 것들의 영역에서
> 일어나는 과정들을 다룬다.[3]

대부분의 프로이트 이론이 이 오도된 유사성에 근거를 둔다. 그 덕분에 이론가들은 사람들의 활동을 그들 마음속의 과정으로 환원할 수 있다. 이것은 물리적인 영역에 물리적인 대상이 존재하는 것과 유사하게 정신적인 영역에 정

---

2 Ibid., p. 91.

3 PI, para 571.

신적인 대상들, 사건들, 그리고 마음의 과정들이 존재한다고 가정한다. 의식은 **우리 각자가 자신의 마음 상태만을 자각하게 한다.**[4] 이러한 상태가 심리학자에게 보고되며, 그럴 때 심리학자의 임무는 물리학자처럼 사물의 '진짜 상태', 즉 무의식 속에 깊이 자리하고 있는 추상적인 대상과 과정을 발견하는 것이다.

비트겐슈타인은 이러한 방식으로 사람들을 이해하고 개념화하는 방식을 바꾸기를 원했다. 그는 우리가 어떻게 언어를 처음 전수받아 사용하는지 세심하게 기술하는 것으로 이론을 대체했다.

> 우리는 무모한 추측과 설명 대신에 언어적 사실들
> 을 조용히 숙고하는 것으로 대체하기를 원한다.[5]

그는 어떤 궁극적인 원인을 찾아내기 위해 '현상을 꿰뚫고 들어가려고 하는' 충동에 저항했다.[6] 그는 숨겨져 있는 어떤 것도 찾으려고 하지 않았다. 왜냐하면 모든 것이 이미

---

[4] S. Freud, 'The Unconscious'(1915) in *On Metapsychology: The Therapy of Psychoanalysis,* Penguin, 1984, p. 170.

[5] Z, para 447.

[6] PI, para 90.

'시야에 훤히 드러나' 있기 때문이다. 어떤 사물이 감추어 진 것으로 보이는 이유는 그것이 표면 아래에 숨어 있기 때문이 아니라, 오히려 친숙하고 단순하며 늘 우리 눈앞에 있기 때문이다.[7] 이상화된 시선은 우리에게 신비로운 존재자들을 찾으라고 강요하지만, 정작 우리가 보아야 할 것은 실제로 있는 것들이다.

우리의 이미지와 감정과 사유가 무엇인지 이해하는 길은 조사를 통해서가 아니다. 그러한 것들은 언어와 동떨어져 있지 않다. 우리가 그것들을 이해하려면 개념이 어떻게 사용되는지 살펴보아야 한다.

여기서 가장 어려운 일은, 이러한 불확정성을 올바르게 오류 없이 말로 옮기는 것이다.[8]

비록 프로이트가 이상화理想化를 사랑하는 대상에 대한 일종의 방어라고 기술했음에도 불구하고,[9] 정신분석가들은 이론을 만드는 과정에서 이상화를 시도한다. 예를 들어,

---

[7] PI, para 129.

[8] PI, p. 227.

[9] S. Freud, 'On Narcissism'(1914) in *On Metapsychology: The Therapy of Psychoanalysis,* Penguin, 1984, p. 65.

'마음'이나 '무의식'을 일종의 유령 같은 존재자들처럼 생각하는 것이 바로 이상화이다.

> 아주 이상하게 들리겠지만, 철학자의 가장 위험한 발상 중 하나가 바로 우리가 머리로 생각을 한다거나 머릿속에서 생각을 한다고 하는 것이다. 사유가 머릿속 같이 완벽하게 밀폐된 공간 속의 과정이라는 발상이 그에게 무언가 심오한 것을 제공한다.[10]

비트겐슈타인은 우리가 전형적으로 '우리의 머리' 안에서 계산할 수 있다고 언급했다. 머릿속에서 이루어지는 계산은 본질적으로 '내 마음속에서' 남몰래 전개되는 어떤 것처럼 여겨지고, 그래서 남몰래 벌어지는 그 일에 주의를 기울임으로써 그것이 명료해질 수 있는 것처럼 보인다. 그러나 우리가 머릿속에서 무엇이 계산되고 있는 중인지 파악할 수 있으려면 그에 앞서 우선 종이에 적거나 소리 내어 말하면서 계산할 수 있어야 한다. '내면적인' 것이 내적 관찰을 통해 이해할 수 있는 어떤 마음의 과정이라고 생각하는 것은 오해이다.[11]

---

[10] Z, paras 605-606.

탁월한 감수성을 지녔음에도 프로이트는 이론을 만들면서 머릿속에 있는 사유라는 도피처로 거듭 되돌아갔다. 그러나 우리가 사랑이나 진한 슬픔의 몸짓을 할 때는 머리가 아니라 가슴을 향해 그러는 것이다. 사랑과 슬픔은 우리 머릿속의 과정이 아니기 때문이다. 머릿속의 사유라는 그림이 정신분석학에 배태되어 있으며, 바로 그것이 정신분석의 이론 만들기를 특징짓는다.

우리는 어떻게 분노, 기쁨, 희망, 기대, 믿음, 사랑, 이해의 행동을 비교하는가? 분노한 사람처럼 행동해 보라! 그것은 쉽다. 기쁨에 찬 사람처럼 해 보라. 이제 문제는 아마 그 기쁨이 무엇 때문인지에 달려 있을 것이다. 어떤 사람을 다시 만난 기쁨 혹은 음악 한 곡을 듣는 기쁨……? 희망은 어떨까? 아마 어려울 것이다. 왜일까? 희망의 몸짓이란 존재하지 않기 때문이다.[12]

더 섬세한 행동의 특징이 내면을 특징짓는 규준을 제공한다. 그래서 흔히 사랑이란 맹목적으로 주어지는 것이면

---

11 PI, pp. 216, 220.

12 LW1, para 357.

서 그것을 확인하지 못하는 경우란 있을 수 없는 독특한 감정이라고 여기곤 한다. 결국 우리가 그런 사랑을 우리 "안"에서 느낀다는 것이다. 그러나 사랑을 이러한 방식으로 특징지어서는 안 된다. 그것은 시험대에 오른다. 한두 시간 정도 사랑을 느끼는 것은 그냥 심취이다. 사랑의 문법은 강렬한 감정의 문법이 아니다. 우리가 사랑의 문법을 이해하는 방식에는 우리 삶의 다른 많은 것들이 반영된다.

일상적인 삶에서와 마찬가지로 우리가 심리학을 통해 보는 것도 주체의 표현적인 행동, 즉 그 사람이 드러내는 사유와 믿음과 욕망의 현시이다. 그의 발언은 경험을 표현해 준 것이지 보고가 아니며, 또한 주체의 내부에서 진행되는 마음의 과정들을 가리키는 단순한 부호도 아니다. 만약 우리가 슬프다면, 우리는 그 슬픔을 표현한다. 그것은 우리의 얼굴 '위'에, 우리의 몸짓 '속'에 있다. 그것은 '실제로 있는 것'이다. 그것은 우리의 마음속에 있는 것이 아니며, 따라서 마음을 관찰해서 마음속에서 진행 중인 어떤 마음의 과정들을 보고하는 일과 관련이 없다. 심리학자는 겉에 드러난 보기, 믿기, 생각하기, 소망하기의 현상들을 관찰하는 것이다. 우리의 말들은 우리 삶의 표현이기 때문이다.[13]

13 Z, para 471.

우리의 언어는 아주 오래된 도시처럼 보일 수 있다.
골목길, 광장, 낡은 집과 새 집, 여러 시기에 걸쳐 여기
저기를 증축한 집들이 미로처럼 얽혀 있는 곳이다. 곧
고 가지런한 거리와 균일한 모양의 집들로 이루어진
수많은 새로운 구역들이 그곳을 둘러싸고 있다.[14]

논리와 문법이 도처에서 모습을 드러낸다. 직선 도로와
획일적인 형태의 주택은 과학 이론과 수학의 많은 측면이
보여 주는 모습이다. 사실적인 주장, 감정과 느낌, 의도, 감
각과 몸짓은 중심가에 있으며, 거기가 바로 우리가 우리 삶
의 대부분을 소모하는 곳이다.

치료에서 나누는 일상적 대화는 대체로 오래된 도시의
언어로 이루어진다. 정신분석은 이론에 의지하며, 그래서
오늘날 특별한 사전이 필요한 전문 용어를 보유한다. 전문
용어가 일상생활의 욕구와 실행에서 생겨난 일상의 언어를
대체하려고 애쓴다. 그러나 치료에 이론을 적용함으로써
우리는 어떤 사람과 그 사람의 행위를 평가하고 설명할 수
있는 미리 재단된 가설을 내놓는 셈이다. 좋은 이론은 올곧
고 가지런한 거리처럼 깔끔하다. 이것은 사람들이 신선한

---

14 PI, para 18.

시각으로 문제를 바라보게끔 도와주는 측량줄, 즉 비교 대상으로 사용할 때 유용하다. 그러나 그것이 독단적인 것이 될 때, 즉 실재와 반드시 일치해야 하는 그 무엇이 될 때는 새로운 문제를 낳을 수 있다. 우리는 이론에 매료되어 그것을 이상화하고, 그런 다음 그 이론에 맞추어 해석한다. 이것은 마치 광각렌즈를 사용할 때처럼 되는 것이다. 우리가 그 렌즈를 통해 사물을 볼 때 렌즈가 야기하는 왜곡도 함께 따라온다.

이론을 부추기는 이 일반화의 충동이 정신분석학에 만연해 있다. 프로이트는 설명에 필요한 훌륭한 이야기를 찾아내는 데 명수였는데, 예컨대 모든 꿈은 소망의 성취이고, 우리는 원래 쾌락을 욕망하며, 모든 인류가 오이디푸스 콤플렉스를 겪고 있다는 등의 이야기를 제시할 때 그랬다.

> 이해심을 갖고서 아이의 울음에 귀를 기울이는 사
> 람이라면 정신의 힘, 굉장한 힘이 그 안에 잠자고 있
> 으며, 그것은 흔히 가정되는 그 무엇과도 다르다는 것
> 을 알게 될 것이다. 그것은 심원한 격분과 고통과 파
> 괴의 열망인 것이다.[15]

---

[15] C & V. p. 4.

그 울음은 보여는 주지만 말하지는 못한다. 왜냐하면 울음에는 문법이 없기 때문이다. 우리는 그 아이가 소멸이나 박해를 두려워한다고 말할 수 없다. 왜냐하면 아이에게는 그런 개념이 없기 때문이다. 우리의 원형적인 언어 학습이란 명시적인 지침 없이도 언어가 보여 주는 것을 이해하는 데 이르는 것과 관련된 문제이다. 이것은 자연스러운 인간 능력이다. 훈련은 의미를 가시화하는 안정된 구조를 만들어 낸다. 상당히 정교한 언어 사용법을 익히게 될 때까지 우리는 의미를 설명할 길이 없다.

말과 감각 간의 관계는 어떻게 설정될까? 우리는 아이가 이것을 어떻게 배우는지 기술할 필요가 있다. 아이는 우는 법을 배울 필요가 없으며, '어떤 이유 때문에 울' 필요도 없다. 유아는 자신의 행동을 해석하거나 이해할 수 없다. 그러나 유아의 행동은 그 아이를 돌보는 사람들에게는 의미가 있을 것이다. 그래서 아이가 넘어져서 울면, 아이를 돌보는 사람은 아이를 위로하면서 이렇게 말할 수 있을 것이다. '걱정하지 마. 괜찮아질 거야' '일어나' 등등으로 말이다. 비트겐슈타인은 이와 같이 적었다.

말들은 원초적이고 자연스러운 감각의 표현과 연

결되며, 원래의 자리에서 사용된다.[16]

결국 고통의 언어적 표현은 울음을 대체하는 것이며, 그
것을 기술하는 것이 아니다. 따라서 그 외적인 표현이 내면
을 특징짓는 규준을 제공하는 셈이다. 아이는 고통을 그 자
신에게 표상하고 고통의 개념을 다중적인 방식으로 사용하
는 법을 배운다. 아이는 그렇게 해서 희망이나 의도와 같은
더 정교한 개념을 사용하기 위해 필요한 논리적 공간에 발
을 내디딘다.

두 개의 마음(의식적인 마음과 암묵적인 자체의 규칙을 지닌
채 배후에 숨어 있는 무의식적인 마음)을 요청하는 대신에, 우
리는 그 아이가 전前개념적 혹은 태곳적 사유에서 개념적인
사유로 옮겨 가는 것이라고 말할 수 있다. 개념적인 사유 덕
분에 아이는 타인과 함께하는 삶의 방식에 들어맞는 문법
규칙을 따라서 말할 수 있게 된다.

그러므로 우리는 프로이트의 마음 모형을 반드시 채택하
지 않아도 그가 한 진료를 이해할 수 있다. 꼬마 한스Little
Hans의 "고추" 문제를 다루어 보자. 다섯 살 먹은 꼬마 한스
는 말에게 물릴까 봐 무서워하는 공포증이 있었는데, 프로

---

[16] PI, para 244.

이트 덕분에 이 증세를 치료했다.[17] 한편 꼬마 한스는 자기 "고추"에 왕성한 관심이 있었는데, 부모도 둘 다 그것을 갖고 있을 것이고 어린 여동생도 그럴 것이며, 암소의 젖통 역시 그것이라고 생각했다. 프로이트는 "고추"라는 말로 꼬마 한스가 의미한 것은 음경이며, 다른 모든 아이가 그렇듯이 꼬마 한스도 성性에 관한 사실을 발견하고자 노력 중인 어린 과학자이고, 그 아이는 자기가 가진 이론을 망친 것이라기보다는 관찰 자료를 잘못 해석했을 뿐이라고 추정했다.

그러나 그 근거는 무엇일까?[18] 꼬마 한스가 자신의 "고추"나 동물원에 있는 동물의 음경에 대해서 가진 생각은 옳았다. 하지만 아이는 암소의 젖통도 그것이라고 생각했다. 또한 그 아이는 만약 자기 "고추"가 어쩌다 잘린다고 하더라도 그 밑동으로 오줌을 누게 될 것이라고 생각했다. 꼬마 한스가 대상을 분별하는 개념들을 가질 수 있었을까? 그 아이가 음경을 가리키면서 '이것도 그거야'라고 말할 수 있을까? 분명 그러지 못했을 것이다.

그 아이가 코끼리 코나 개미핥기의 코 같은 것을 무엇이

---

[17] S. Freud, 'Analysis of a Phobia in a Five Year Old Boy', Little Hans (1909) in *Case Histories 1*, Penguin, 1977, p. 169.

[18] J. Lear, *Love and its Place in Nature,* New Haven and London: Yale University Press, pp. 98-119.

라고 불렀을지 모를 일이다. 이러한 다양한 "고추들" 간에
는 단지 가족유사성이 있을 뿐이다. 아이는 정교한 배경 언
어와 개념화의 능력을 요구하는 이론을 전개할 수 있는 입
장이 아니었다.

꼬마 한스는 생각이란 것을 할 수 없었으며, 그의 '사유'
는 태곳적 것이었다. 그는 오로지 소망만 할 수 있었다. 즉,
꿈을 꿀 때처럼 자신을 만족시켜 줄 조건들을 상상속의 표
상으로만 생성할 수 있었던 것이다. 그가 떠올린 연상들은
엉성한 것이 아니었고, 성인의 관점에서 판단하는 사람들
에게나 엉성할 뿐이었다. 한스로서는 젖통을 고추라고 부
른 것이 실수가 아니었다. 아이의 마음속에 들어 있는 어떤
이미지가 아니라 그 아이가 고추라고 부르는 것과 고추라
고 부르게 될 것들이 "고추"에 의미를 부여해야 한다. 그 엉
성한 연상들은 어린아이가 갖고 있는 유사성, 차이성, 관련
성의 태곳적 감각을 표상한다.

꼬마 한스는 음경 개념이 발달되지 않은 상태였다. 외상
을 겪고 난 후에 겪는 것과 같은 정서적인 압박을 받으며
아이는 불안을 느꼈다. 하지만 불안은 특정한 그 무엇에 대
한 것이 아니다. 불안은 대상이 없으며 긴장처럼 느껴진다.
불안은 언어의 한계에 있는 것이다. 프로이트의 해석이 정

신발달의 한 과정을 완료하는 데 도움을 주었다. 그는 태곳적 마음의 엉성한 연상들 사이에서 가족유사성을 인식했고, 그의 해석은 꼬마 한스가 음경의 개념을 발달시킬 수 있게 해 주었다. 그러고 나서 꼬마 한스는 그 개념을 표현하고 예시할 수 있었으며, 불안에서 공포로 옮겨 갈 수 있었다. 공포는 특정한 대상이 있고 그래서 의미가 있으며, 욕망하거나 기피할 수가 있다. 이제 한스의 정신발달은 재개될 수 있었고, 아이가 가진 소망이 욕망으로 발달할 수 있었다.

태곳적 사유는 성인기까지 지속되며, 그 삶을 혼란하게 할 수도 있다. 그러나 우리가 프로이트의 설명을 따라야 할 필요는 없다. 즉, 프로이트가 어머니 음경의 대체물이자 거세의 위협을 이겨 낸 승리라고 생각한[19] 페티시는 태곳적 의미를 지닌 것으로서 소망하기와 관련된 것이라고 보는 편이 이해에 더 도움이 된다. 페티시가 있는 사람은 '음경'을 소망하는 것이지, 성인의 차원에서 음경을 욕망하거나 거세를 두려워하는 것이 아니다.

---

[19] S. Freud, 'Fetishism'(1927), in *On Sexuality*, Penguin, 1977.

# 8. 원인과 이유

비트겐슈타인은 이유와 원인의 혼동이 프로이트 추종자들을 '끔찍한 진창'으로 이끌었다고 생각한 것으로 알려져 있다.[1] 프로이트는 심적 결정론을 믿었다. 그는 무의식적인 과정이 실제로 발생하며, 그럼으로써 결정적인 원인을 형성하고, 설명해야 할 행위의 진짜 의미를 담게 된다고 믿었다.

만약 A라는 사건이 B라는 사건의 원인이라면, 우리는 정말로 B가 A를 뒤따라 규칙적으로 발생하는지 충분한 수의 사례를 통해 검증할 필요가 있다. 원인은 실험을 하거나 통계를 통해서, 혹은 우리가 하나의 당구공이 다른 당구공을 쳐서 그 공을 움직이게 하는 것을 볼 때처럼 어떤 기제를

---

[1] PO, p. 107.

이해함으로써 확립된다.

이유가 확립되는 방식은 다르다. 이유는 행위를 정당화해 주는 것이며, 따라서 행위의 당사자는 흔히 권한의 소유자가 된다. '왜 의자에서 일어났나요?' '차를 끓이려고요.' 이것이 이유이다. 그러나 상황에 따라서는 다른 이유도 있을 수 있다. 예를 들어 '너를 때리려고', '화재 경보가 울리는 소리를 들어서', '너무 오래 앉아 있는 것은 아닌지 걱정이 돼서' 등이 있을 수 있다. 우리가 자신의 내부를 들여다보고 이유를 보고하는 것은 아니다. 왜냐하면 내부에 접근할 수 있는 별도의 수단이 없고, 그래서 보고가 맞는지 아닌지의 문제가 존재할 수 없기 때문이다. 행위자가 이유를 알아야 한다는 것이 이유의 문법을 구성하는 요소이다. 왜냐하면 우리의 관심은 행위에 대한 행위자 자신의 설명에 있기 때문이다. 이유의 문법은 동기, 욕망, 의도의 문법과 연결된다.

어떤 이유가 좋은 이유가 갖춰야 할 특정한 기준에 부합한다면 그것은 좋은 이유이며, 이것은 부분적으로 문화, 토론, 동의의 문제이다. 어떤 문화에서는 남편이 아내를 사랑한다는 이유로 때린다. 이것은 서구문화에서는 좋은 이유로 보이지 않겠지만 그렇다고 해서 그것이 다른 문화에서도 나쁜 이유라는 말은 아니다.

이유란 그 사람의 내면의 삶을 표현하는 것이며, 그래서 우리는 이유를 평가할 때 진실성과 진정성에 의존한다. 어떤 사람이 행위를 할 때, 우리는 그가 어떤 의도를 갖고서 행동하고 있으며, 만일 이유를 묻는다면 왜인지 말해 줄 것이라고 추정한다. 이것은 그 행위가 자발적이라는 가정에서 성립한다. 이유는 행위에 선행할 수 있는 것이기 때문에 행위 그 자체와 동일한 차원에서 발생한다. 나는 차를 끓이고 싶고, 그래서 의자에서 일어난다. 이유는 바닥날 수 있다. 어느 시점에 이르면 나는 내가 왜 그렇게 했는지 더는 이유를 제시할 수 없다. 반면에 원인은 무한한 연쇄로 이어지며, 나와 타인을 이해하는 핵심적인 두 요소인 결심과 선택이라는 개념을 포착하지 못한다.

물론 우리가 이유를 혼동할 수 있다. 우리는 자신과 타인을 기만할 수 있으며, 다른 사람이 나보다 내 이유를 더 잘 감지할 수도 있다. 그러나 이러한 능력은 오로지 진정성을 배경으로 할 때에만 유의미하다. 만약 모든 이유가 진실하지 않다면, 이유라는 개념 자체가 무너질 것이다.

이유와 원인의 혼동은 과학적 지식의 확실성이 이유에까지 확장된다는 믿음으로 이어진다. 이것이 정신분석에 거짓된 확실성을 제공하고, 그럼으로써 그것의 주장들이 논박 불가능한 것처럼 보이게 한다. 우리는 원인에 관해서는 전문가와 논쟁을 벌일 수 없지만, 우리가 이해하지 못하는 행위의 이유를 말해 주는 사람과는 논쟁할 수 있다.

# 9. 의례

프로이트와 비트겐슈타인은 둘 다 의례儀禮, ritual와 신화에 관심이 있었지만, 그것을 매우 다르게 이해했다. 프로이트는 과학이 우월한 형태의 지식이라고 생각했기 때문에 의례와 신화를 오류의 측면에서 판단했다. 그는 극도로 국수주의적이었는데, 인간의 정신과 **목적인**目的因, *telos*이 서구문화에서 만개하고 있으며, 목적인에 이르지 못한 '덜 진보한 문명'은 결국은 늦게라도 불운한 운명을 맞을 것이라고 믿었다. 그는 신화가 원시적인 과학 이론이라고 생각했다. 모든 것을 유용성에 의거해서 설명하고 평가해야 하는 시대를 산 그는 신화와 의례도 이런 절차에 종속시켰다. 비트겐슈타인은 보편적 인간 본성이 존재한다는 당대의 믿음에

기초한 설명들을 거부하면서, 오로지 사실들을 기술하고
제대로 다루는 일에만 주의를 기울였다.

경탄을 품으려면 인간이 그리고 어쩌면 민족들이
깨어나야 한다. 과학은 그들을 다시 잠재우기 위한 수
단이다.[1]

'원시적인' 사람들과 아이들은 주위의 사물을 보고 경탄
할 수 있으나, 우리가 그렇게 하는 것은 어려운 일이다. 그
리고 설령 우리가 그렇게 하더라도 과학자들과 정신분석가
들이 개입해서 어째서 그럴 필요가 없는지 기꺼이 설명해
줄 것이다.

격식을 따르는 것은 인간의 전형적인 특징이다. 거의 모
든 사회적 행동이 어느 정도는 격식화되어 있다. 모든 문화
가 올바른 예의범절의 형식을 규정한다. 회사에서 하는 행
위에는 이를테면 회의를 소집하고 개최하는 다양한 방법이
있는 것처럼 격식이 있다. 탄생, 결혼, 죽음을 둘러싼 격식
이 있고, 다채로운 상속 체계도 격식화된다. 교미, 배설, 사
냥, 먹기와 같은 모든 '동물적인' 활동은 규칙과 상징적 관

---

[1] C & V, p. 7.

례가 지배한다. 언어는 발음과 문법의 측면에서 형식적 구조를 갖는다. 우리가 말하는 방식과 말하는 시점에는 격식이 있으며, 보도기사, 수필, 소설, 시, 학술논문 등과 같은 상이한 형태의 글쓰기에도 마찬가지이다.

의례는 사회적 행동이 형식적으로 표현되는 것이며, 그렇기 때문에 상징적인 측면이 있다. 이것은 누군가의 의견에 의존하지 않는다. 어떤 의례에 참여하는 사람들이 그 의례의 의미에 관해 의견들이 있을 수 있지만, 그러한 의견들은 대개 의례화된다. 대부분의 의례적 행위에는 진정한 이유가 없다. 일부 관습에는 어떠한 의미도 없다는 것이 그런 관습의 본성을 이룬다. 이런 성격이 그 관습에 심오함과 경이감을 부여한다. 슬픔이나 환희와 같은 내면의 태도는 형식적인 행동을 통해 표현될 수 있다. 그러나 그 동일한 태도가 매우 다른 형식의 행동을 통해서도 포괄적으로 표현될 수 있다. 그래서 장례의식이 문화권에 따라 엄청나게 다양한 것이다. 노래하고 춤을 추거나, 심지어 시신을 먹는 행동까지도 슬픈 표정과 눈물 못지않게 존중될 수 있다.

여기는 설명이 있을 자리가 아니다. 진화, 인간 발달, 역사적 재건의 법칙에 호소하는 식의 발생적 설명은 오로지 제한적으로만 쓸모가 있을 뿐이다. 어떤 의례의 유의미성이란 그것의 발달에만 달린 문제가 아니기 때문이다. 성체성사처럼 분명한 유래가 있는 의례도 있지만 대부분은 그렇지 않다. '먼 옛날에'와 '옛날 옛적에' 같은 표현이 간명하게 요점을 환기한다. 의례가 반드시 분명한 의미를 갖지는 않는다. 참가자들은 흔히 동떨어진 의미를 제시하거나 그냥 이렇게 말한다. "해야 할 일입니다", "늘 이런 식으로 해 왔습니다." 이것은 합리적인 것도 비합리적인 것도 아니다. 인간이란 의식을 치르는 동물임을 생각할 때, 의례는 결국 자기만족이자 자기정당화이기 때문이다.

극단적으로 다른 삶의 방식에서는 우리가 이해하기 어려운 의례가 만들어질 수 있다. 많은 사람이 용기와 명예가 장수보다 더 중요하다고 생각한다. 아즈텍의 산파는 사내아이가 태어나면 이런 소망이 담긴 노래를 부르곤 했다. "흑요석 돌칼로 맞는 죽음이여." 즉, 그 아이에게 운이 따른다면 부디 20대 초반의 나이에 전투 중에서나 적진의 참수대 위에서 전사로서 죽음을 맞게 되기를 기원한 것이다. 스페인 사람들은 아즈텍의 부모들이 자녀에게 매우 다정하며 애정이 넘쳤다고 적었다.


정신을 숨김없이 드러나게 하겠노라는 것은 엄청

난 유혹이다.[2]

    설명의 단순성이나 대칭성은 매력적인 것일 수 있고, 이를 보면 프로이트나 융의 설명이 인기가 있는 이유를 이해할 수 있다. 그러나 더 자세히 들여다보면 의례에 대한 통일된 설명이 존재하지 않는다는 것을 알게 된다. 의례를 이론화하려면 그것의 의미에는 눈을 감아야 한다. 의례는 많은 목적에 기여할 수 있다. 그것은 감정을 표현하고, 의미와 믿음을 창조하며, 집단을 결속하는 유대이기도 하고, 극적인 사건이기도 하다. 어떤 사람들에게 권한을 부여하고 또 제약을 가하는 방식이기도 하며, 치료의 형식이기도 하고, 문화적인 지식을 전수하는 방식이기도 하다. 의례는 인간의 자연사에서 본질적인 부분을 차지하며, 정신분석의 일상적인 실행에서도 그렇다. 우리는 의례를 통해서 우리 자신의 본성에 접근할 수 있다.

---

[2] C & V, p. 11.

# 10. 자아

선하거나 악한 것은 본질적으로 바로 '나'이지 세
계가 아니다.

나, 바로 나야말로 진정 신비스런 존재이다![1]

프로이트와 비트겐슈타인은 둘 다 '자아'를 이해하는 일
에 깊은 관심이 있었고, 정신분석학에는 이에 관한 방대한
문헌이 존재한다. 그러나 두 사람은 매우 다른 독특한 방식
으로 이 문제에 접근했다.

정신분석가들은 다양하고 흔히 복잡한 '자아' 이론을 양
산한다. 그러한 이론은 이론답게 마음 '안'에서 벌어지고

---

[1] NB, p. 80.

있는 일을 객체화하여 기술하고 설명하고자 한다. 그것은 에고, 자아와 같은 존재자들을 창안하며, 그런 존재자들이 무엇을 하는지, 그리고 그런 존재자들 간의 관계가 무엇인지 기술한다. 정신분석의 경우에, 동일시 identification란 인간 주체가 구성되는 효력을 지닌다. 어린 소년이 아버지와 동일시하는 경우나, 집단 내에서 나타나는 동일시, 억압자나 이상적인 에고와의 동일시, 자기 젠더와의 동일시가 모두 이에 해당하는 사례이다. 에고는 행위자이자 동일시의 산물로 이해된다.

이러한 것은 모두 이론이며, 분석가들이 어떤 삶을 사느냐 하는 문제에는 아무런 차이를 만들지 못한다. 정신분석학을 경험과학이라고 가정하면서도, 어떤 한 이론의 추종자들이 반대 이론의 추종자들보다 사람들을 더 많이 돕는다는 경험적인 증거 같은 것은 없다.

비트겐슈타인은 이론적인 존재자들을 논의하기보다 차라리 우리가 '나'라는 말을 어떻게 사용하는지에 주목한다. 《철학적 탐구 Philosophical Investigations》에서 1면당 '나'가 8회 정도 등장하며, '우리'는 4회 정도 등장한다.[2] '나'와

---

[2] J. F. Peterman, *Philosophy as Therapy*, State University of New York Press, 1992, pp. 45-47.

'우리'가 이와 비슷한 빈도로 나타나는 철학 문헌은 거의 찾기 어렵다. 그는 자기가 어떻게 언어 안에 배태된 다양한 그림의 주술에 빠져들었고, 그것에서 벗어나기 위해 어떻게 몸부림치고 있는지를 보여 준다. 그는 자아에 대한 적극적인 설명을 전개하지 않으려는 신중함을 보인다. 그는 '자아'를 다시 강탈할 생각이 없었다.[3] 우리는 그가 무슨 말을 하는지 알 것도 같지만, 여전히 자기 자신에 대해서는 매우 혼란스러울 수도 있다.

그의 사유의 어떤 측면은 '나'라는 말이 어떤 존재자를 지칭하거나 명명하는 것이 아님을 지적하는 것으로 요약할 수 있다. 주어로서 '나'는 목적어 '나'가 아니다.[4] 어떤 사유가 발생하고, 우리는 마치 마음속에 갇혀 있는 어떤 행위자가 그런 일을 하는 것처럼 행동하고 생각하지만, 실은 그렇지 않다. 내가 많은 일에서 실패했다고 말한다고 가정해 보라. 문법상 나는 수많은 사실을 진술하고, 나의 속상함을 표현하면서 자연스럽게 '나'를 언급한다. 그런데 이것은 '나는 실패자요'라고 진술하는 것과는 매우 다르다. 이 진술에

---

[3] H. Sluga, ""Whose house is that?" Wittgenstein on the Self' in H. Sluga and D. G. Stern (eds.), *The Cambridge Companion to Wittgenstein*, Cambridge University Press, 1996.

[4] PI, paras 398-411.

서는 '나'가 곧 실패자와 같다는 것을 의미한다. 이것은 '나'가 내가 상상한 내 안의 어떤 존재자를 지칭한다고 상상하는 것이다. 우리는 자신이 상상한 것의 노예가 된다. 내가 성공한 사람이라고 생각하는 경우도 마찬가지이다. 실제로 그렇게 생각할 수 있는데, 예를 들어 내가 어떤 중요한 회사의 대표라면 말이다. 하지만 그것이 '나의 머릿속으로' 들어갈 수 있고, 그래서 나는 '나'가 성공한 사람과 같다고 생각한다. 나는 나의 기쁨을 표현하는 대신에 '나의 머릿속에서' 성공이 '나'의 속성이라고 생각한다. 이것은 내가 좋아서 미치거나 우쭐대거나 하는 등의 상태로 이어질 수 있고, 그럼으로써 자연스러운 '나'는 잃게 된다.

'나'는 흔히 자신의 '진짜 자아', 자신의 정체성과 동일한 것으로 여겨진다. 그리고 이것이 자신이 누구인지에 대한 인식으로 이어진다. 정체성이 의미하는 바는 무엇인가? 한 사람의 정체를 확인하는 데에는 많은 방법이 있다. 그 사람의 외모, 이력, 이름, 지문, DNA, 신분증 등등. 그러나 이 모든 것은 내가 '정말로' 누구인지 하는 문제는 건드리지 못하는 듯하다. 현시점까지 지속되어 왔고 이 모든 외적 성질의 배후에 존재하는, 진정한 나에 해당하는 어떤 내면의 본질 같은 것이 있는가?[5] 내가 진짜 누구인지는 오로지 나

만이 아는가? 어떻게 그것을 찾아내는가? 요컨대 기억상실
증에 걸린 사람은 이렇게 말할 수 있다. '내가 누구인지 모
르겠어요.' 이것은 단지 자기 이름과 사는 곳 등을 잊었다
는 의미이다. 어떤 사람은 지속적으로 이렇게 느끼고 말할
수가 있다. 즉, '나는 죽었다.' 혹은 '나는 존재하지 않는다.'
그러나 이런 사람들 모두가 '나'를 정확하게 사용하고 있음
을 주목하라.

어떤 한 가지 것이 나의 정체성을 형성하는 것이 아니다.
'나'는 일군의 속성을 지닌 어떤 존재자가 아니다. 정체성
과 그것의 규준에 대한 요구는 맥락에 따라서 달라진다. 누
군가가 우리를 알아본다고 느낄 때 중요한 것은 타인의 자
연스러운 반응이다. 즉 특유의 성격이나 어떤 본질, 즉 진짜
나에 대한 올바른 동일시가 아니라 그들이 우리에게 느끼
는 친숙함인 것이다. 동일시는 신경증에 시달리는 우리를
묶어 버리는 형틀이다. '나'의 의미는 두터운 언어의 안개
로 둘러싸여 있다. 그래서 주어 '나'가 목적어 '나'가 아님
을 명료하게 생각하고 이해하기란 거의 불가능하다. 그러
나 그 차이를 보여 주는 것이 바로 비트겐슈타인 치료의 핵
심이다.

---

5 PI, paras 390-411.

'나는 큰 기쁨을 느낀다.'—'어디에서일까?'— 이 말은 헛소리처럼 들린다. 하지만 누군가는 정말로 이렇게 말한다. '나는 가슴에서 기쁨이 벅차오르는 것을 느낀다.' 그러나 어째서 기쁨이 자리한 곳을 찾을 수 없는 것일까? 몸 전체에 퍼져 있는 것이기 때문일까? 설사 기쁨을 자극한 감정의 위치는 알지 못한다고 해도, 기쁨은 그렇지 않다. 예를 들어, 만약 우리가 꽃향내를 맡으며 기뻐한다면 어떻게 될까. 기쁨은 얼굴 표정에서, 행동에서 모습을 드러낸다. (그러나 우리의 얼굴로 기뻐한다고 말하지는 않는다.)

'그러나 나는 진정한 기쁨의 감정을 정말로 갖고 있다!' 그렇다, 당신이 기쁠 때 당신은 정말로 기쁜 것이다.⋯⋯

'그러나 "기쁨"은 분명히 내면에 있는 어떤 것을 가리킨다.' 아니다. '기쁨'은 그 어느 것도 가리키지 않는다. 내면의 어떤 것도 그러하고 바깥에 있는 어떤 것도 다 마찬가지이다.[6]

자아는 어디에 있는 무엇인가? 자아는 안정적인 통일체

[6] Z, paras 486-487.

가 아니며 기뻐하는 실체가 아니다.

저 깊숙한 곳에 아무것도 남겨 두지 않고, 다만 오
이런, 끊임없이 가냘파져서 결국에는 끝에 이를 때까
지, 소위 내 마음속에 있는 아주 많은 이러저러한 시
끌벅적함. 어떻게도 상관없고 어디서든 상관없다. 시
간과 슬픔과 자아라고 불리는 그것. 오, 이런, 모든 것
이 끝을 향하여 간다.[7]

---

[7] S. Beckett, 'Stirrings Still' in *As the Story was Told,* London: John
Calder Riverrun Press, 1990, p. 128.

# 참고문헌

앤스컴 G. E. M. Anscombe과 리스 R. Rhees가 편집하고 앤스컴
이 번역한 비트겐슈타인의 《철학적 탐구 *Philosophical Investi-gations*》(Oxford: Blackwell, 1953)는 심리와 치료에 관한 그의 사
유의 주요한 원천이다. 훌륭한 해설서로는 맥긴 M. McGinn이
쓴 《비트겐슈타인과 철학적 탐구 *Wittgenstein and Philosophical
Investigations*》(London: Routledge, 1997)가 있다. 다른 출처는 각
주를 달아 놓았다.

비트겐슈타인에 관한 많은 책이 있다. 치료 및 포스트모
더니즘과 관련이 있는 책은 다음과 같다.

- *Freud and Wittgenstein*, B. McGuinness, in *Wittgenstein and his Times*, ed. B. McGuinness, Oxford: Blackwell, 1982.

- *Freudian Repression*, M. Billig, Cambridge University Press, 1999.

- *Insight and Illusion*, 2nd edition, P.M.S. Hacker, Oxford: Clarendon Press, 1986.

- *Love and its Place in Nature,* J. Lear, New Haven and London: Yale University Press, 1998.

- *The Danger of Words and Writings on Wittgenstein*, M.O'C. Drury, Bristol: Thoemmes Press, 1996.

- *Wittgenstein and Derrida*, H. Staten, Oxford: Blackwell, 1985.

- *Wittgenstein on Freud and Fraser*, F. Cioffi, Cambridge University Press, 1998.

- *Wittgenstein on Mind and Language*, D. G. Stern, Oxford University Press, 1995.

- *Wittgenstein Reads Freud: The Myth of the Unconscious*, trans. C. Cosman, J. Bouveresse, New Jersey: Princeton University Press, 1995.

- *Wittgenstein's Art of Investigation*, B. Savickey, London and New York: Routledge, 1999.

# 약어

비트겐슈타인 저작물의 참조는 다음 출판물에서 나온 것이다.

- **C&V** *Culture and Value*, revised 2nd edition, ed. G.H. von Wright, trans. P. Winch, Blackwell, 1998.
- **L&C** *Lectures and Conversations on Aesthetics, Psychology and Religious Belief*, ed. C. Barrett, Blackwell, 1966.
- **LW1** *Last Writings on the Philosophy of Psychology*, vol. 1, trans. C.G. Luckhardt and M.A.E. Aue, Blackwell, 1982.
- **LW2** *Last Writings on the Philosophy of Psychology*, vol. 2, trans. C.G. Luckhardt and M.A.E. Aue, Blackwell, 1992.

- **NB**  *Notebooks: 1914-1916*, 2nd edition, trans. G.E.M. Anscombe, Blackwell, 1979.

- **OC**  *On Certainty*, trans. D. Paul and G.E.M. Anscombe, Blackwell, 1979.

- **PI**  *Philosophical Investigations*, trans. G.E.M. Anscombe, Blackwell, 1958.

- **PO**  *Philosophical Occasions 1912-1951*, ed. J.C. Klagge and A. Nordmann, Hackett Publications, 1993.

- **PR**  *Philosophical Remarks,* trans. R. Hargreaves and R. White, Blackwell, 1975.

- **RFM**  *Remarks on the Foundations of Mathematics*, trans. G.E.M. Anscombe, Blackwell, 1978.

- **RPP1**  *Remarks on the Philosophy of Psychology*, vol. 1, tra-ns. G.E.M. Anscombe, Blackwell, 1980.

- **TLP**  *Tractatus Logico-Philosophicus*, trans. D.F. Pears and B.F. McGuinness, Routledge and Kegan Paul, 1961.

- **Z**  *Zettel*, trans. G.E.M. Anscombe, 2nd edition, Blackwell, 1981.

# 감사의 글

이 책에서 비트겐슈타인의 글을 발췌해 사용할 수 있도록 허락해 준 블랙웰 출판사에 감사를 표한다. 노먼 맬컴의 《루트비히 비트겐슈타인: 회상록》(1984)은 옥스퍼드 대학교 출판사의 허락을 받은 것이다.

**부록**

비트겐슈타인이 '정신분석'을 한다면?

김선희(이화여자대학교 철학과 교수)◆

1. 존 M. 히턴의 《비트겐슈타인과 정신분석》은 비트겐슈타인 철학의 중심 주제의 연결망 안에서 그의 철학 치료에 대한 생각을 부각해서 보여 주는 소책자이다. 히턴은 여기서 10개의 소주제를 다루고 있는데, 그중에서 주요 주제는 자유연상, 명료한 표상, 지식과 회의론 문제, 이론, 원인과 이유, 자아와 정체성 등이다. 물론 이 모든 주제가 충분

◆ 이화여자대학교 철학과 초빙교수로 재직 중이며, 한국여성철학회 회장, 철학상담치료 수련감독을 맡고 있다. 주된 연구 분야는 심리철학, 과학기술철학, 철학상담이다. 자아, 자아정체성, 인격과 도덕적 주체, 사이버자아, 포스트휴먼, 로봇의 인격과 윤리 등에 관한 주제를 연구해 왔으며, 최근에는 철학상담 방법론 연구와 프랙티스에 주력하고 있다. 저서로 《자아와 행위》, 《사이버시대의 인격과 몸》, 《과학기술과 인간 정체성》, 《철학상담: 나의 가치를 찾아가는 대화》 등 다수가 있다.

히 깊이 있게 다루어지는 것은 아니며 그중 몇 가지는 매우 간략하게 언급하는 데 그치기도 한다. 여기서 나는 비트겐슈타인의 철학 치료에 대한 독자의 이해를 돕기 위해, 히턴이 선정한 몇 가지 주제를 유기적으로 연결함으로써 비트겐슈타인의 '치료'개념을 좀 더 선명하게 드러내려고 시도할 것이다. 동시에 프로이트의 정신분석과 대조되는 비트겐슈타인의 철학 '치료'가 (혹은 비트겐슈타인식의 '정신분석'이) 어떻게 구체화될 수 있는지를 보이고자 한다.

비트겐슈타인은 철학의 목표를 '치료'라고 규정하고 있다. 하지만 그것을 철학적 질병의 산물인 철학 문제에 적용하는 작업(대표적으로 '타인의 마음의 문제'를 해소하는 것)을 제외하면, 명시적으로 삶의 문제에 철학 '치료'를 적용한 구체적인 방법이나 사례는 찾아보기 어렵다. 그럼에도 비트겐슈타인의 철학 '치료'가 철학적 문제에 한정된 것이 아니며, 삶의 문제를 '치료'하는 것을 염두에 두고 있다고 보아야 할 근거는 충분하다. 그는 우리의 사고와 삶의 방식을 바꿈으로써 시대적인 질병을 '치료'할 수 있다고 말하기 때문이다.[1]

---

[1] RFM 2, para 23. 또한 실제로 철학실천가(혹은 철학상담사)로서의 나의 프랙티스 경험에 따르면 비트겐슈타인의 철학치료 정신은 철학상담

비트겐슈타인은 프로이트의 정신분석에서 강한 인상을
받았으나, 동시에 정신분석의 해악을 비판적으로 문제시하
면서 그것과 자신의 '치료'개념을 구분하는 생각을 지속적
으로 전개하였다. 실제로 비트겐슈타인은 여러 곳에서 프
로이트나 정신분석에 대해 비판적으로 언급하면서[2] 그와
대조하여 철학은 어떻게 치료에 접근해야 하는지 보여 주
고자 시도한다. 히턴은 이 책에서 치료에 대한 이러한 대조
적 작업을 비트겐슈타인의 주요 개념에 비추어 대체로 충
실하게 잘 보여 준다.

비트겐슈타인이 "철학의 목표는 치료"라고 했을 때, 그
는 분명 철학은 "이론이 아니라 실천"이라는 생각을 하고
있었다.[3] 그렇다면 비트겐슈타인이 추구했던 철학 '치료'를

---

에서 분명 중요한 역할을 해 왔다는 것을 알 수 있다. 특히 '정확한 언어'
의 사용과 '명료한 표현'으로 이끄는 사고방식은 삶의 곤경이나 문제를
'치료'하는 데 결정적인 역할을 하곤 한다.

2 비트겐슈타인은 분명 프로이트 정신분석에서 인상을 받았으나, 동시에
경멸에 가까운 비판을 서슴지 않았다. 프로이트가 정립한 이론은 잘못된
언어적 은유에 기초한 것이며, 오이디푸스 콤플렉스 등은 지어낸 이야기
라고 보았다.

3 철학의 목표는 우리에게 "파리 병 안에서 빠져나올 길을 알려 주는 것"이
다(PI, para 309). 여기서 파리 병 안에 갇힌 것은 혼란과 착각에 빠진
질병 상태를 은유적으로 표현한 것이다. 철학자는 문제를 마치 질병처럼
다루며(PI, para 255), 파리 병 안에 갇힌 질병 상태에서 빠져나오도록
하는 것이 철학 치료이자 철학의 목표이다.

어떻게 이해할 수 있을까? 비트겐슈타인의 철학 치료 개념을 구체적으로 이해하기 위해, 나는 다음과 같은 물음에 기초해 그의 생각을 추적해 보려고 한다. "비트겐슈타인이 철학으로 '치료'를 한다면 어떻게 할 것인가?", "비트겐슈타인이 '정신분석'을 한다면 프로이트의 정신분석과 어떻게 다를 것인가?"

2. 우리가 부닥치는 곤경이나 문제를 치료하는 데 있어서, 비트겐슈타인과 프로이트 사이의 중요한 차이는 '치료' 개념의 차이로 드러난다. 똑같이 치료라는 개념을 사용하지만 비트겐슈타인의 철학 '치료'는 프로이트의 정신분석적 치료와 접근 방식이 전혀 다르다.

프로이트는 자신을 과학자로 여겼으며, 자신의 치료가 과학적 방법에 따라 이루어지는 것이라고 간주하였다. 즉, 그 자신은 정신분석을 하면서 일종의 과학을 한다고 생각했다. 그는 의학의 모델에 따라 임상적으로 치료를 했고, 과학의 가설적 설명 모델로 접근했다. 반면에 비트겐슈타인은 '치료'라는 말을 사용하기는 했으나, 과학적 모델과 전혀 다른 방식을 생각하고 있었다. 그는 과학적 탐구에 의한 지식을 축적하거나 문제에 적용할 이론을 추구하기보다는 언어의 명료화를 추구하였다. 과학적 모델의 치료법을 기대하는 것은 전형적인 언어적 기만과 착각의 산물이라고 보았다. "우리의 난제들에 대한 해답과 해결과 치유를 찾으려는 강박관념 … 자체가 착각의 원천인 것이다. 우리는 특정 종류의 담론들, 특히 과학과 의학의 담론을 높이 떠받들며, 그러한 담론을 모든 난제를 해결하는 모범으로 삼는"다(12-13쪽). 문제에 부딪히면 곧바로 치료를 받으려는 현대인이나, 과학적 모델에 기초한 치료법을 찾아 적용하려는 치료사나 모두 치료강박증에 사로잡힌 것일 따름이다.

비트겐슈타인은 현대인의 질병이 현대인의 삶의 방식과 밀접하게 연관되어 있다고 보았다. 이 시대에 만연한 질병은 성공강박증, 치료강박증, 행복강박증, 시기, 질투, 경쟁, 비교하기, 남의 시선을 지나치게 의식하는 것 등이 대표적이다. 이러한 현대인의 시대적 질병을 비트겐슈타인은 어떻게 치료할 수 있다고 보았을까? 비트겐슈타인은 언어 사용 방식 안에 질병이 드러난다고 보았다. 그에 따르면, 언어 사용 방식, 그리하여 사고방식과 삶의 방식이 어떻게 질병이 일어나는지 보여 준다. 그것은 단지 심리적인 문제가 아니다. 오히려 한 시대에 퍼진 질병은 (정신분석과 같은 한

개인이 발명한 의술로 치료할 수 있는 것이 아니라) 그 시대를 사는 사람의 생활양식을 바꾸어야 나을 수 있다. 동시에 그러한 삶의 방식과 연루되어 있는 언어의 잘못된 사용 방식을 바꾸어야 치료가 가능하다.[4]

히턴은 이처럼 비트겐슈타인이 삶의 많은 문제를 심리적 장애의 문제가 아니라 언어 사용 방식, 사고와 삶의 방식의 문제라고 본 점을 잘 지적한다. 그에 따르면, 비트겐슈타인은 우리가 겪는 많은 곤경과 곤란한 문제를 심리적 문제라고 보지 않는다. "생각하고, 말하고 하는 뿌리 깊은 방식이 우리를 지배한다(12쪽)." 이는 비트겐슈타인이 '올바른 언어 사용 방식', '정확한 표현', '명료한 표현', '올바른 표현', '언어적 혼란에서 해방하는 것'을 강조하거나 그 문제에 집중하는 이유이며, 그것이야말로 바로 치료의 지름길이기도 하다는 것을 보여 준다.


3. 프로이트와 비트겐슈타인 사이의 치료개념의 차이는 이론, 지식과 회의론의 문제, 자유연상, 자아개념 등과 연관하여 살펴볼 때 더욱 잘 드러난다. 정신분석은 이론에 의존한다. 환자를 치료하기 이전에 미리 가설을 세우고 이론

---

[4] RFM 2, para 23.

을 적용함으로써 그 사람의 마음과 행위를 분석하고 설명하고자 한다. 히턴은 이를 다음과 같이 기술한다. "우리는 이론에 매료되어 그것을 이상화하고, 그런 다음 그 이론에 맞추어 해석한다. 이것은 마치 광각렌즈를 사용할 때처럼 되는 것이다. … 이론을 부추기는 이 일반화의 충동이 정신분석학에 만연해 있다. 프로이트는 설명에 필요한 훌륭한 이야기를 찾아내는 데 명수였는데, 예컨대 모든 꿈은 소망의 성취이고, 우리는 원래 쾌락을 욕망하며, 모든 인류가 오이디푸스 콤플렉스를 겪고 있다는 등의 이야기를 제시할 때 그랬다(77쪽)." 또한 정신분석은 지식에 집중한다. 의식 아래(무의식)에 인과적 기제가 실재한다고 가정한 후 모든 행동을 인과적으로 설명하고자 했으며, 그렇게 얻어진 지식의 축적을 추구하였다.

이와 달리 비트겐슈타인은 어떤 이론이나 어떤 가설을 세우는 것도 경계했다.[5] 그는 지식이 우리의 삶을 떠받치는 기초가 아니라는 점을 강조한다. "내가 명시적으로 배우지 않은 것은 많다. 예를 들면, 내 손은 내가 주의를 기울이지 않는다고 해서 사라지지 않는다. 지구는 내가 태어나기 오래전부터 존재해 왔고, 내가 죽고 나서도 계속 존재할 것이

---

[5] PI, para 109.

다. 물리적인 대상이 존재하며, 나는 몸이 있고, 달이 아니라 지구에서 태어났다. 우리의 삶이란 많은 것을 기꺼이 받아들이는 데 있다. 지식과 이성은 이런 기초적인 것에 의존하며, 우리가 무언가를 신뢰할 경우에만 가능하다(62쪽)." 정당화되지는 않았으나 우리가 기꺼이 신뢰하거나 받아들이는 것이 지식보다 먼저 존재한다. 인간관계도 마찬가지이다. "그러한 관계는 영위되고 경험되며, 정당화나 증명보다는 인정이 필요하다. … 우리가 타인을 인정하는 것은 이론보다 훨씬 더 심오한 일이다(53쪽)." 신뢰나 승인이 지식이나 증명보다 우선하며, 이론보다 실천이 우선한다. 이와 반대로 생각할 때, 회의론과 같은 또 다른 착각이 발생한다.

자유연상에 대한 히턴의 분석은 이 책에서 가장 탁월한 부분이라고 생각한다. 비트겐슈타인은 자유연상 자체를 거부한 것이 아니라, 그것을 획일적인 방법으로 본 점을 부정했다는 것이다. 그에 따르면 자유연상의 방법은 하나가 아니며 프로이트 방식으로만 이루어질 필요가 없다.[6] 이러한

─────────

[6] 자유연상에 관해 프로이트 식의 방법만 가능한 것이 아니다. 진부함에서 벗어나 깊이 생각할 수 있다면, 자유연상의 과정에서 비판적 물음을 금지할 이유는 없다. 이에 대한 구체적인 논의와 분석 사례는 필자의 다음 논문을 참고하라. 김선희(2013), 〈꿈에 대한 철학적 분석의 가능성〉, 《철학연구》 제102집, 철학연구회.

해석이 비트겐슈타인의 가족유사성 개념과 더 잘 어울리는 해석이라고 볼 수 있다. 마치 다양한 치료법이 존재하듯이 다양한 (철학)방법이 존재한다.[7] 히턴은 자유연상에 대한 프로이트와 비트겐슈타인 간의 탐구방식의 차이를 다음과 같이 비교한다.

> 프로이트는 물리학에 비견되는 마음의 과학을 수립하고 싶어 했다. 그는 마음의 모든 활동이 다 무언가에 의해 결정되는 것이며, 자유연상은 무의식 속에 자리한 억압된 소망에 이르러 멈추게 된다고 믿었다. 바로 그 억압된 소망이 그 연상을 말라붙게 하는 원인이라는 것이다. 이렇게 해서 그는 연상이 차단되는 원인을 추론할 수 있었다. 현장에서 활동하는 분석가의 임무는 이러한 과정을 관찰하여 그 연상을 차단한 소망이 무엇인지 해석하는 것이었다. 이 소망은 우리가 실제로 접하는 연상보다 더 깊고 더 진정한 차원, 즉 무의식 '안'에 자리할 것으로 추정되었다. 자유연상은 무의식 속에서 원인을 찾아내려는 목적을 달성하는 수단이었다.

---

[7] PI, para 133.

······ 한편 비트겐슈타인은 이론을 고안하고 원인을 찾는 것이 아니라 불명료성을 해소하고 싶어 했다. 우리는 병甁 안에 빠진 채 그 안에서 아무 의미 없이 붕붕 날아다니는 파리 같은 신세이다. 우리가 어쩌다 그 안에 들어가게 된 것인지 세심하게 살펴보아야 한다. 이론을 세우려는 강박적인 충동 때문에 우리는 계속 병 안에 빠진 채로 머물게 된다. 우리는 언어 사용에 내재해 있으나 우리가 혼란에 빠져 증상이 심해질 때면 망각하고 마는 이해와 감정의 지평을 다시 찾아내야 한다. 우리가 스스로 올바른 지평을 지향하고 의미 있게 말하기 시작할 때 혼돈은 사라지고 우리를 가두던 병은 자취를 감출 것이다(28쪽).

'병 안에 갇힌 파리'로 은유되는 철학적 질병은 언어의 무의미한 사용 방식 때문에 혼동과 혼란에 빠져든 것이다. 언어의 오용과 무의미한 말은 동시에 우리의 세계관, 가치관, 삶의 방식에 문제를 일으키고, 나아가 여러 가지 질병을 일으킨다. 그렇다면 질병을 치료하기 위해서는 우리가 언어에 접근하는 방식이나 우리의 생각을 왜곡하는 언어 사용 방식을 살피고 바로잡는 것이 중요하다.

4. 살펴본 대로 프로이트와 비트겐슈타인은 모두 치료에 관심이 있었으나 그들이 치료에 접근하는 방식은 매우 달랐다. 전자가 이론을 추구했다면 후자는 실천을 중시했으며, 전자는 무의식의 실재나 진리를 찾아가지만 후자는 새로운 것을 찾기보다 이미 드러난 것을 명료화하고자 했다. 전자는 지식에 집착하고 회의론의 여지를 염려해야 하지만, 후자는 지식 이전에 인정이라는 실천이 우선한다고 보았기에 회의론의 문제는 애초에 발생하지 않는다. 전자는 자유연상에 관해 엄격한 규칙이나 금지조항으로 제약하지만, 후자는 자유연상조차 제한을 두지 않고 다양한 방식으로 접근하였다. 전자는 인과적 탐구에 몰두하지만, 후자는 원인과 이유를 구분하며 이유에 대한 물음에 더 관심을 기울였다.

여기서 정신분석의 방법과 다른, 비트겐슈타인의 철학 치료 방법에 대한 구체적인 윤곽이 드러난다. 파리통에 빠진 파리가 그 질곡에서 벗어나려면 애초에 그리로 들어간 길을 제대로 이해하고 빠져나오도록 해야지, 그 파리통 안에서 이론을 정립하려고 해서는 아무 소용이 없다. 그럴수록 파리통에 더욱 단단히 갇힐 뿐이다. 비트겐슈타인은 일상의 고민이나 문제에 대해서도 같은 방식으로 접근해야

함을 시사한다. 오늘날 현대인이 겪는 질병의 상당 부분이 심적인 것에 대한 잘못된 언어적 은유 또는 '자아'에 대한 잘못된 언어 사용 방식에서 기인한다. 그것은 잘못된 삶의 방식으로 이어지며, 그로 인해 질병이 발생한다. 대표적인 예로, '자아'에 대한 잘못된 언어 사용 방식이 자아에 대해 실체를 부여한다. 그러고 나면 몇 번의 성공이나 실패로부터 자신을 '성공한 자'나 '실패자'로 규정하는 오류를 범하게 되고, 그 결과 조증과 우울증이 발생할 수 있다. (예컨대, 어떤 예술가가 자신과 자신의 작품을 동일시한다면 바로 그런 오류에 빠진 것이다. 그러한 오류와 착각은 작품이 잘되지 않을 때 자신이 가치 없는 사람이라고 생각하여 자기 비하와 우울증에 빠지기도 하고, 때로는 그와 반대로 오만과 더불어 조증을 일으킬 수도 있다.)

이러한 오류와 착각에 빠지지 않으려면 올바르고 정확한 표현, 명료한 표상을 통하여 자신의 사고의 혼란을 깨달아야 한다.[8] 또한 의미와 무의미를 구분하고 무의미에 의미를 부여하려는 충동이나 강박에서 벗어나는 것, 언어적 혼란이나 언어의 오용에서 벗어나는 것, 해방되는 말을 찾는 것

---

[8] 히턴이 지적한 대로, 비트겐슈타인의 독특한 철학 치료 개념은 '명료한 표상'이라는 개념에 응축되어 있다(41쪽).

등이 중요하다. 그럴 수 있을 때 우리를 가둔 파리통은 사라지고 그곳에서 해방되어 자유로워질 것이다. 자신의 삶의 문제와 곤경을 언어로 표현하는 우리의 대화 속에, 자신의 사고와 행위와 삶의 방식이 연루되어 있는 가치관과 세계관이 드러난다. 그 안에서 우리의 착각과 기만과 혼란을 바라보고 새로운 통찰을 얻음으로써 (혹은 명료한 표상을 얻을 때) 우리의 문제를 일으킨 편협하고 진부한 사고방식에서 벗어나 해방될 수 있을 것이다.

히턴의 책은 분량이 매우 적지만, 그 안에서 비트겐슈타인이 철학 '치료'의 길을 암시한 것을 비교적 조직적으로 구현해 내고 있다. 비록 비트겐슈타인의 철학 '치료'는 하나의 방법론이나 이론으로 제공된 것은 아닐지라도, 오늘날 시대적 질병과 삶의 문제에 관해 철학이 치료의 역할을 담당할 수 있는 중요한 실천 방식을 보여 주었다는 데 의의가 있다. 철학상담과 실천에 관한 논의와 관심이 증가하는 최근의 시점에서 볼 때, 비트겐슈타인의 철학 '치료'에 대한 통찰은 향후 심도 있게 다룰 필요가 있다. 특히 언어와 대화로 이루어지는 상담의 성격을 고려할 때, 언어의 사용 방식에 비추어 문제를 조명하는 비트겐슈타인의 예리한 통찰은 철학상담의 영역에서도 시사하는 바가 크다. 그뿐만 아니라 실천적으로 삶의 문제를 조명하거나 치유하는 데 있어서 기존의 상담과 치료가 간과해 온 초점, 즉 대화에서 언어 사용 방식, 인과가 아닌 이유, 탈심리적 언어치료, 탈이론적인 치료 방법, 자유연상에 대한 탈정신분석적 방법 등 새롭지만 중요한 초점을 제공했다는 점에서 중대한 의미가 있다.

# 비트겐슈타인과 정신분석

**초판 1쇄 발행** | 2017년 2월 10일

**지은이** | 존 M. 히턴
**옮긴이** | 석기용
**펴낸이** | 이은성
**편 집** | 문화주
**디자인** | 백지선
**펴낸곳** | 필로소픽

**주 소** | 서울시 동작구 상도동 206 가동 1층
**전 화** | (02) 883-3495
**팩 스** | (02) 883-3496
**이메일** | philosophik@hanmail.net
**등록번호** | 제 379-2006-000010호

ISBN 979-11-5783-071-8 93100

필로소픽은 푸른커뮤니케이션의 출판브랜드입니다.

이 도서의 국립중앙도서관 출판시도서목록(CIP)은 서지정보유통지원시스템 홈페이지
(seoji.nl.go.kr)와 국가자료공동목록시스템(www.nl.go.kr/kolisnet)에서 이용하실 수
있습니다. (CIP제어번호: CIP2017000430)